走向优质

初中高质量发展的多路径探寻

沈爱琴 著

上海社会科学院出版社
SHANGHAI ACADEMY OF SOCIAL SCIENCES PRESS

图书在版编目(CIP)数据

走向优质：初中高质量发展的多路径探寻／沈爱琴著.—上海：上海社会科学院出版社，2023
 ISBN 978-7-5520-3984-9

Ⅰ.①走… Ⅱ.①沈… Ⅲ.①中学教育—教学研究—初中 Ⅳ.①G632.0

中国版本图书馆CIP数据核字(2022)第193878号

走向优质：初中高质量发展的多路径探寻

著　　者：	沈爱琴
责任编辑：	王　芳
封面设计：	徐　蓉
出版发行：	上海社会科学院出版社
	上海顺昌路622号　邮编200025
	电话总机021-63315947　销售热线021-53063735
	http://www.sassp.cn　E-mail: sassp@sasssp.cn
排　　版：	南京展望文化发展有限公司
印　　刷：	苏州市古得堡数码印刷有限公司
开　　本：	710毫米×1010毫米　1/16
印　　张：	13
字　　数：	174千
版　　次：	2023年5月第1版　2023年5月第1次印刷

ISBN 978-7-5520-3984-9/G·1209　　　　　定价：69.80元

版权所有　翻印必究

前　言

初中教育阶段是学生身心成长的关键阶段，也是基础教育作为一个整体而应高度关注的重要阶段。然而，由于历史和现实的诸多原因，我国初中教育一直以来是一个相对薄弱的环节，成为基础教育系统中的"洼地"或"细腰"。要全面提升初中教育质量、实现高质量发展，让每一所初中学校都能走向优质或卓越，从而为基础教育"壮腰"，这成为当下一个十分迫切而紧要的重要课题。本书以东部省份H市X区的初中为调查范围，以其中5所初中为案例分析学校，展开对初中教育高质量发展路径的研究，以期获得不同类型初中不同发展路径下策略的可行性经验和证据。

在整理、分析和提炼相关文献的基础上，本书厘清了优质均衡与高质量发展、学校发展路径等核心概念。并基于研究的需要，把初中学校按薄弱学校与非薄弱学校进行分类，进而选取代表不同类型的、发展态势各异的5所学校作为重点调研的案例学校。通过对案例初中的师生、家长、校长问卷调查、访谈调查和查阅学校案卷等，分析了影响初中高质量发展的关键因素及其原因，总结提炼出案例学校的发展历程和办学经验。其中，以A初中和B初中为案例，描述了薄弱初中以文化重建和教学改进为策略的"后发赶超"为特征的崛起之路；以C初中为案例，详细阐述了非薄弱初中以课程的开发和现代信息技术赋能等为举措的"扬长率先"为特征的创新发展之路；以D初中和E初中为案例，阐述了学校发展不同阶段选择不同路径的有效经验。其后，基于案例的事实和经验，较为详细地阐述了初中高质量发展的路径。在本书的最后，笔者根据上述研究提炼了以人为本、适宜恰当、协调持续、公平正义等初中高质量发展路径选择的原则，为发展起点不同的学校提供参照。

　　当下，我国初中教育相对滞后的发展质量和水平，从总体上看，与基础教育高质量发展的内涵和水准相比，固然还存在很大的差距，想要达成高质量发展也还有相当的难度和挑战性，然而，本研究所提炼的案例学校多路径发展已经证明，只要方向正确、路径可行且能持久努力坚持下去，我国初中的高质量发展依然是充满希望的。

目　录

第一章　绪论 ... 1
一、选题缘由 ... 1
（一）初中教育亟待走向优质 ... 1
（二）基础教育诉求高质量发展 ... 2
二、研究的目的和意义 ... 3
（一）研究的目的 ... 3
（二）研究的意义 ... 3
三、理论基础 ... 4
（一）复杂性理论 ... 4
（二）内生发展理论 ... 5
四、文献综述 ... 6
（一）基础教育的高质量发展 ... 7
（二）薄弱学校的改进与提升 ... 11
（三）学校优质发展的路径与策略探索 ... 16
五、基本概念解析 ... 28
（一）初中 ... 28
（二）高质量发展与优质均衡 ... 30
（三）薄弱初中与非薄弱初中 ... 31

（四）学校发展路径……………………………………………34
六、研究设计………………………………………………………35
　　（一）研究对象…………………………………………………35
　　（二）研究内容…………………………………………………35
　　（三）研究思路…………………………………………………35
七、研究方法………………………………………………………36
　　（一）文献研究法………………………………………………36
　　（二）问卷与访谈调查…………………………………………37
　　（三）案例研究法………………………………………………37

第二章　案例学校发展现状的调查及分析………………………38
一、调查说明………………………………………………………38
　　（一）区域教育情况……………………………………………38
　　（二）样本的选取………………………………………………38
　　（三）调查和统计方法…………………………………………39
　　（四）调查的目的………………………………………………40
二、5所案例学校概况……………………………………………40
三、问卷调查………………………………………………………42
　　（一）学生问卷调查……………………………………………42
　　（二）家长问卷调查……………………………………………45
　　（三）教师问卷调查……………………………………………47
　　（四）校长问卷调查……………………………………………50
四、访谈……………………………………………………………53
　　（一）访谈说明…………………………………………………53
　　（二）访谈实录及分析…………………………………………54

五、思考与分析 58
　　　　（一）学校高质量发展的关键因素 58
　　　　（二）影响初中高质量发展的原因分析 63

第三章　走向优质的"后发赶超"之路
　　　　——以薄弱初中A、B校为例 71
　一、A初中概况 71
　二、驱动发展内生力——A初中高质量发展的实践 75
　　　　（一）重建学校文化：以仪式为载体 75
　　　　（二）提高管理效能：管理组织的架构 81
　　　　（三）突破教研样式：提高教研的有效性 84
　　　　（四）落实教学规范：扎实常规的管理 87
　　　　（五）创新项目研训：师能提升新方式 92
　三、B初中概况 95
　四、精准教学新样态——B初中高质量发展的实践 96
　　　　（一）学习痕迹单：优化教学设计 96
　　　　（二）微测评：提速学情诊断 99
　　　　（三）分层教学，尊重个体差异 102

第四章　走向卓越的"扬长率先"之路
　　　　——以非薄弱初中C、D、E校为例 106
　一、C初中概况 106
　二、聚焦特色发展——C初中高质量发展的实践 107
　　　　（一）学校大脑：改变学校教育生活 107
　　　　（二）优化课程：丰富学校教育内涵 113

（三）项目化学习：显现学校教育气质 117
　三、D初中和E初中高质量发展的实践 128
　　（一）寻常路上有卓越：D初中的得天独厚 128
　　（二）薄弱—优质—卓越：E初中的崛起和超越 129

第五章　初中高质量发展的路径研究 132
　一、初中高质量发展的路径 132
　　（一）文化建设 133
　　（二）教学改进 136
　　（三）师能提升 150
　　（四）特色发展 154
　　（五）丰富课程 159
　　（六）技术赋能 163
　二、初中高质量发展的原则 165
　　（一）以人为本 166
　　（二）适宜恰当 168
　　（三）协调持续 170
　　（四）公平正义 172

结语：研究反思与展望 175
　一、可能的创新 175
　　（一）聚焦初中探寻基础教育高质量发展之策 175
　　（二）为初中高质量发展提炼可行的实践路径 175
　　（三）总结提升不同类型学校实践案例使路径更清晰 176
　二、存在的不足 176

三、未来的展望 ……………………………………178

主要参考文献 …………………………………………179

附件一　家长问卷 ……………………………………190
附件二　学生问卷 ……………………………………191
附件三　教师问卷 ……………………………………192
附件四　校长问卷 ……………………………………193
附件五　校长访谈题 …………………………………194

后　记 …………………………………………………195

第一章
绪　　论

一、选题缘由

现代中国社会发展史既是经济和文化的发展史，也是中国教育的发展史，从没有书读到有书读，从有书读到读好书，从规模的扩展到内涵的发展，从均衡发展到优质均衡发展……都彰显了不同阶段社会对教育发展的不同要求。

（一）初中教育亟待走向优质

初中教育作为中国基础教育承上启下的关键阶段，它的变革、发展、走向，直接影响着中国基础教育改革的成败，但由于教育对象、教育使命、教师处境和家长心态等特殊性，初中教育一直是整个基础教育链条上相对薄弱的一环，被称为基础教育的"洼地"。

初中教育高质量发展是回应当前社会关切，缓解教育焦虑的需要。加强初中高质量发展，努力办好每一所初中学校，缩小各学校间的差距，是缓解"择校"矛盾，推进国家小学毕业生免试就近升入初中的治本之策；是全面贯彻国家教育方针政策，实施素质教育，全面提高初中教育教学质量的重要举措；对实现我国教育的公平、建设和谐社会起着非常重要的作用。

初中教育高质量发展，也是学生成长的迫切诉求。初中是学生生命成长中重要时期，初中学校的教育理念、教育方式等都直接影响着学生的成长。只有初中学校高质量发展，才有可能为更多的学生提供最好的教育，学生的各项能力得以培养，学生的综合素质得到提升，才能更好地面对未来社会的发展。

（二）基础教育诉求高质量发展

基础教育在国民教育体系中处于先导性、基础性地位，当前，中国基础教育已经从高速增长转向高质量发展，从"有没有""有多少"转向"好不好""优不优"，教育的主要矛盾已经转化为人民日益增长的对优质教育的需求和教育发展不平衡不充分之间的矛盾，而教育发展质量不高的本质是教育的不平衡不充分。因此，必须解决好质的问题，在大幅度提升质的过程中实现量的持续增长。加快教育高质量发展，推进教育现代化，是建设教育强国，办好人民满意的教育的根本途径。2021年2月，十九届五中全会通过的《中共中央关于制定国民经济和社会发展第十四个五年规划和二〇三五年远景目标的建议》进一步提出要"建设高质量教育体系"。促进教育高质量发展和建设高质量教育体系已成为我国当前及今后教育改革发展的趋势和重大战略任务。

走向高质量发展是教育发展的一个历史过程，是在推动教育发展不断向更高级形态迈进的进程中形成的；教育高质量发展，不仅是高质量发展的时代精神在教育领域的概念表征，更是教育现实回应社会所要求的优质教育和更多教育获得感的反映。追求教育质量始终是发展的核心主线，教育质量一直是社会的热烈关切。教育高质量发展为推进教育现代化提供了坚实的路径保障，是新时代教育现代化发展的阶段性落地表征。

教育高质量发展是以满足和促进人的全面发展为出发点。教育高质量发展要求教育必须尊重教育规律、尊重人的成长规律，破除不顾学生身心健康高强高压的教育模式，切实贯彻"双减"政策，构建新教育发展格局。教育高质量发展还是实现教育均衡发展的根本途径。

二、研究的目的和意义

(一) 研究的目的

通过调查,探寻不同发展起点初中高质量发展的案例,旨在找到初中高质量发展的关键因素,剖析影响初中高质量发展的因素,助力学校高质量发展更具方向性、适切性。通过不同发展起点初中高质量发展的案例研究,找到初中高质量发展的路径,为实践提供可解读和参考的范本。此外,通过研究教育学、社会学、管理学等的理论,把理论与现实、教育的实践结合一起,来解释和指导初中学校高质量发展的实践,予理论以有力的补充。

(二) 研究的意义

发展是教育永恒的命题,不同时期评判优质初中有不同的标准,不同时期高质量发展也有其不同的内涵。本课题拟诠释初中优质均衡与高质量发展、学校发展路径等概念,厘清它们之间的逻辑关系,争取对教育实践和理论的发展有所贡献。

学校的高质量发展是一个历史的进程,既有传承又有创新,具有系统性、整体性和复杂性。学校高质量发展是以循序渐进式、跳跃式、螺旋式、阶段性或是其他什么样式的过程进行,这是值得去探究的问题。本课题拟通过对初中家长、学生、教师、校长等的调查问卷和访谈,获得最真实的学校发展中相关问题的解答,从中找到不同发展起点和样态的初中高质量发展的路径,对初中高质量发展表象下的原因进行理论探索和分析,这是初中学校高质量发展的理论研究意义。

从区域的均衡发展到区域优质均衡发展,所指向的关键性主体是政府和教育行政部门的政策导向和行为措施,是中观层面的行为干预。任何政策都需落地生根才能真正达到最终的目的,高质量发展最重要的主体是学校,从微观层面的学校主动求发展谋优质,教育才有最大可能达到优质均衡。本课题拟通过初中高质量发展走向优质的案例研究,探寻初中高质量发展走向优质的路径,为大多数初中学校提供高质量发展可供参考和借鉴的实践经验,特别是对乡村初中的振兴、初中强校提质提供一些实质性的、可操作性强的建议。

三、理论基础

(一)复杂性理论

复杂性理论(Complexity Theory)在这里是泛指,指的是关于"复杂性"研究形成的所有理论形态。20世纪,西方自然科学领域开始将复杂性问题作为研究对象,后来成为20世纪后半世纪的显学,被教育家、哲学家等用来认识和把握研究对象。复杂性理论强调要按照事物与现象本来的面貌来认识和把握,复杂系统具有非线性、整体性、动态生成性、自组织性等特征,它突破了传统的简单性、确定性和还原性的科学研究范式以及思维的局限。

教育研究的复杂性理论是指研究者运用复杂性思维和研究范式,按照教育研究对象和教育现象的本来面貌来认识和把握。学校发展的复杂性理论认为学校是具有开放性、无序性和不稳定性的复杂系统,学校发展变革具有非线性、整体性、不确定性、动态性、自组织性等特征,要运用复杂性理论去分析和研究学校发展和变革问题。

法国哲学家埃德加·莫兰最先提出教育改革领域要用复杂的、开放而互动的观点来认识。[1]国内叶澜教授最早明确提出教育是一个复杂系统,此系统稳定是相对的,演化是绝对的,非平衡态也是常态的,较为系统地论述了教育系统和教育问题的复杂性。

---

[1] 陈一壮.埃德加·莫兰的"复杂方法"思想及其在教育领域内的体现[J].教育科学,2004(2):1-5.

加拿大教育家迈克尔·富兰是学校发展变革的复杂性理论的奠基人,他在《变革的力量——透视教育改革》《变革的力量》续集和《变革的力量——深度变革》中研究学校变革的问题时运用了复杂性科学的分析框架,建构了学校变革的复杂性理论。富兰认为,"变革是非直线的,充满着不确定性,有时还违反常理。"

许多中外学者运用复杂性理论去认识和解释学校的变革,动态地去观察和分析学校发展所存在的生态环境。学校系统中各实体和子系统相互作用,并通过相互影响和关联使系统内部产生自催化,学校内部的秩序是学校内部各要素或子系统间相互作用的自然结果。运用混沌、涌现、自组织等学校发展变革的复杂性理论,认识和解读学校发展变革的内部秩序,认识和把握学校发展的复杂现象和过程。

复杂性理论为研究学校高质量发展提供了科学系统的研究方法,它的基本内涵包括:学校是个复杂的系统,需整体地、立体地认识和解读学校的生态环境;学校是动态、开放、非直线地发展的,是与其相关因素相互影响作用的结果。初中高质量发展是复杂的、非直线发展的过程,用复杂性理论来审视和研究学校高质量发展更具科学性、整体性和客观性。

(二)内生发展理论

内生发展(endogenous development)又称内源性发展,起源于经济学领域,后被广泛运用于社会学领域,是20世纪末西方社会学研究领域的术语。

经济学的视域中,内生发展理论主要指的是内生增长理论和内生增长模式。内生增长理论认为经济的增长不仅仅依靠于外在的资本和劳动的投入,经济增长主要还是源于内生的技术推动。[1]

社会学领域的学者是将内生理论作为发展理论进行解读的。从社

---

[1] 王双,陈柳钦.内生经济增长理论的演进和最新发展[J].经济与管理评论,2012(4):20-24.

会学的视角看来,内生发展理论认为发展是社会进步的重要表现形式,其终极目标显示是人的发展。法国著名经济学家弗朗索瓦·佩鲁认为发展要从人出发,以人为中心,为所有人,[①]这是他在《新发展观》中提出的这一整体的、综合的、内生的新发展观。

总的来说,内生发展理论强调以人为本,发展应由发展事物的内部来推动,并且要充分利用发展事物内部的资源和力量,尊重发展事物的价值和制度,探索适合自身的发展道路,不照搬他人发展模式。

1988年联合国教科文组织在编撰的《内生发展战略》一书中正式提出内生发展理论。该书认为以人为本的内生发展应该是从内部产生的,应该是为人服务的。[②]1990年,"联合国开发计划"提出了内生发展观:开发的目标应该从经济增长转向重视人的成长、能力及多元选择等方向。

内生发展理论为学校这一复杂系统的高质量发展路径提供了一个新的视角,它的基本内涵包括:学校内部成员是推动学校高质量发展的实践主体;知识和专业化是实现学校高质量发展的关键要素;学校相关人员的广泛参与是促进学校高质量发展的保障;学校内涵式发展是学校高质量发展的根本路径,是学校高质量发展的一种方法论。

四、文献综述

无论是研究起初的选题和研究方案的制订,还是课题研究的实施阶段和总结阶段,笔者都时时关注着与本课题相关的研究动态与研究成果,可以说对于文献的研究,贯穿了笔者本课题研究的全过程。笔者认为,"薄弱初中""薄弱学校""优质初中""优质学校""优质发展""学校改进""教育高质量发展""基础教育高质量发展""学校高质量发展"等

---

① 弗朗索瓦·佩鲁.新发展观[M].张宁,丰子义,译.北京:华夏出版社,1987.
② 联合国教科文组织.内生发展战略[M].北京:社会科学文献出版社,1988.

是与本课题密切相关的重要主题词,利用数据平台进行相关检索,可以考查相关研究的总体情况。笔者分别用相关搜索词即主题词、篇名、关键词等在中国知网上对近20年(即2002—2021年)的中文文献进行检索,记录学术期刊和学位论文数量,得到的结果如下表所示(表1-1)。

表1-1 近20年来优质学校及相关概念的研究文献数量统计(2002—2021年)

检索词	薄弱学校	薄弱初中	优质学校	优质初中	学校优质发展	学校改进	教育高质量发展	基础教育的高质量发展	初中高质量发展
主 题	2 015	67	663	176	270	1 339	4 132	110	33
篇 名	377	38	123	11	14	213	457	1	0
关键词	263	9	225	2	5	298	16	0	0

笔者从查到的文献资料中发现,学界对薄弱学校、优质学校的研究相对较多且比较宽泛,但是专注于薄弱初中和优质初中的研究相对较少;虽然基于对薄弱初中学校的改进研究不少,但专门针对学校优质发展的研究较少;高质量发展是2018年前后提出的概念,虽然文献数量多,但深究下来在教育领域的研究少,而基础教育阶段的高质量发展及学校的高质量发展研究则更为缺乏。仔细阅读文献后,笔者发现,对薄弱初中和优质初中的研究趋向从学科类研究入手,而从学校整体层面入手的管理类研究极少。薄弱学校、优质学校、学校优质发展中已包含了初中学段,因此,笔者将基础教育的高质量发展、薄弱学校的改进与提升、学校优质发展的路径与策略探索等作如下文献综述。

(一)基础教育的高质量发展

学前教育是终身学习的开端,是国民教育体系的重要组成部分。义务教育是教育工作的重中之重,保障义务教育是阻断贫困代际传递的根本途径。高中教育具有巩固义务教育成果、进一步提升国民素质、为高等教育发展储备人才的重要功能。目前,中国基础教育发展数量已经达到历史高位,整体发展水平已到世界中高收入国家行列,取得了学前教育扩大普惠性教育资源、义务教育不断缩小校际差距、高中阶段教育大幅提升普及水平等成就,实现了基础教育基本均衡、基本公平,迈向了更加公平、更有质量的高质量发展的新阶段。有论者指出,基础教育高质量发展以人民对高质量教育需求的满足为导向,以"五大发展理念"为核心,以"三大动力变革"为手段。[1]

1. 基础教育高质量发展的本质和内涵

明确基础教育高质量发展的本质是研究何以可能的前提。有论者指出,推进基础教育高质量发展需要坚持5个关键点:坚持把落实立德树人作为"高质量发展"的根本方向;坚持健全"五育并举"教育体系基本路径;坚持强化课堂主阵地作用作为中心环节;坚持加强高素质教师队伍建设为根本保障;坚持推动教育评价改革为"高质量发展"关键领域。也有学者认为,基础教育高质量教育应具备以下条件:必须坚持立德树人,坚持素养导向下的育人;必须遵循教育规律和学生身心成长的规律;要有科学的育人方式和育人模式;要有现代学校治理体系和科学的管理机制;要有科学的评价方式,不断激励师生更好地发展。

教育高质量发展的根本在于全面落实党的教育方针。教育高质量发展的效果最终体现在人的发展水平上,即育人目标的达成状况。有研究者基于发展目标的角度,指出高质量的基础教育应表现为育人质量的稳步提升,不断提高教育公平水平,教育更有效率和更可持续发展。此外,高质量发展须通过育人方式的转变来推动,育人方式的变革是教育改革的难点,也是重要落脚点与关键着力点。[2]

分析基础教育高质量发展的内涵有助于教育改革的实践。有论者从宏观到中观、多维度剖析了基础教育高质量发展的内涵:教育方向以

---

[1] 柳海民,邹红军.高质量:中国基础教育发展路向的时代转换[J].教育研究,2021(4):11-24.
[2] 辛涛,李刚.高质量基础教育体系的新时代内涵[J].人民教育,2021(1):17-20.

立德树人为根本;教育事业发展追求公平而有质量;教育治理手段力图规范而有活力;打造多样而有特色的学校、专业且有素质的教师队伍,全面而有个性的学生以及进步而有服务的社会。① 还有论者认为教育高质量发展至少应包含以下意涵:一定的数量规模;合理的结构;教育均衡发展与公平;推动社会进步;促进个人全面发展;面向未来的教育创新趋向。

在此基础上,有论者从可操作性出发,指出教育治理可以推动基础教育高质量发展[②]:通过探明多元参与的治理机制,促进教育良好发展局面;通过增强学校办学自主权,实现学校的自由发展;通过发挥市场资源配置优势,确保基础教育充分发展;通过完善社会监督机制,推动基础教育优质发展;通过健全家校合作机制,努力办好人民满意的教育。

也有研究者通过样本选取与分析,从实践出发,总结出基础教育高质量发展的建议。如邓云锋基于山东省基础教育实际情况,通过深入实施基础教育高质量发展九大行动,以期为全国基础教育发展贡献"山东样本"。其中,与初中相关的行动有:"强德固本"行动,深化德育综合改革;"强课提质"行动,深化课堂教学改革;"强身健体"行动,深化学校体育改革;"强镇筑基"行动,深化义务教育资源配置改革;"强师兴源"行动,深化师资队伍建设改革;"家校共育"行动,推动协同育人改革;"校舍建设"行动,持续扩增教育资源。③

基础教育高质量发展含义甚广,分析其本质,探明其内涵,规划其进路,选择其试点,总结其经验并进行推广,是丰富其含义的可行路径。

2. 基础教育高质量发展的路径

向国外要思想、向国外要经验是研究基础教育高质量发展的一条捷径。有学者比较了不同国家教育高质量发展的情况,梳理了各国教育战

---

① 唐永富,舒玉兰.新时代基础教育高质量发展的内涵[J].教育科学论坛,2022(8):3-5.
② 孙闪闪,郑文慧.论基础教育高质量发展的治理逻辑[J].基础教育参考,2020(10):24-27.
③ 邓云锋.推动基础教育高质量发展的"山东行动"[J].中小学管理,2021(12):29-32.

略发展的历程，总结出各国共性与个性及战略定位，为我国教育战略的未来高质量发展提供了启示："教育强国"愿景须由"高质量战略"来付诸实践；现代化与可持续发展须在理念上融通、行动上一致；战略定位在内外关系上须审时度势、调适应变；参照借鉴共同经验的同时须兼顾差异化、特色化战略思路。[①]

部分学者从宏观和中观的层面探讨了基础教育高质量发展的路径。有论者认为，学校高质量发展要强化政府责任；要进一步完善强弱校帮扶机制，探索学区制管理体制和完善学校集团治理机制。[②] 有论者指出，推进教育高质量发展可以从以下路径入手：加强顶层设计，共育办学文化；健全管理制度，共商治理体系；围绕课程建设，共创优质课程；优化教研合作，共研教学变革；聚焦教师发展，共培师资队伍；搭建互动平台，共建优质资源；完善评估机制，共享建设成果等。除此之外，还有研究者另辟蹊径，以未来的眼光反推现在的发展路径，如有论者认为未来基础教育的高质量发展是整体化、体系化中的变革与发展，更加注重"育人""融合""终身"和"智能"。学校高质量发展中要突出"整体"、突出"融合"、突出"过程"、突出"治理"、突出"主体"和突出"实验"。[③]

不少论者选取了一种类型的教育改革，分析其对基础教育高质量发展的作用。例如，陈晓辉认为"五育融合"是修复教育生态的重要手段，是实现新时代教育培养目标的重大举措，是深入实施素质教育的有效途径。[④] 傅湘龙认为高质量、高水平的教研体系能推动基础教育高质量发展。构建高水平教研体系以教研队伍建设、内涵和制度建设为重点，以教研模式、方式、组织、机制创新为动力。

此外，不乏有研究者选取研究样本，从实践出发，对该问题总结归

---

① 张秋霞,杨小微.比较视野下中国教育高质量发展的战略定位[J].中国教育科学(中英文),2021(6):15-31.
② 王烽.高质量发展：基础教育的挑战与应对[J].人民教育,2021(1):21-24.
③ 李政涛."五育融合"推动基础教育高质量发展[J].人民教育,2020(20):13-15.
④ 陈晓辉."五育融合"推动教育高质量发展的原则与路径[J].辽宁教育,2022(6):53-56.

纳。如罗嘉文团队提炼了基于粤东山区基础教育现状,落实乡村教育振兴战略的"四方协同"农村中小学高质量发展模式。"四方协同"模式是发挥政府、基金会、大学、中小学等资源优势,通过学校整体改进行动促进基础教育高质量发展。[①]吴细和、饶爱京介绍了以信息化赋能基础教育高质量发展的"婺源模式",为欠发达县域基础教育高质量发展破解难题提供了参考,帮助存在城乡差距较大、师资力量薄弱、教学点多、经费紧张、优质教育资源配置不均衡等问题的欠发达县域的基础教育走向高质量发展道路。有论者以张掖市甘州区为例,阐述了合理运用监测结果推动区域义务教育高质量发展的路径,还有学者提出严格规范学校办学行为,推进基础教育高质量发展。还有教育官员认为,可以从激活动力、盘活资源、用活政策等来激发集团化办学活力推进基础教育高质量发展。

从教育强国借鉴基础教育高质量发展的经验可以减少许多研究和实践上的波折,但需要注意的是,由于国情、制度、学制等方面的不同,对舶来经验应当持审慎的态度。在扬弃的基础上,依托本国实际情况,做好顶层设计,因地、因时进行合理规划,选取特色单位进行试点,方能提炼出代表中国基础教育高质量发展的路径。

(二) 薄弱学校的改进与提升

1. 概念与内涵的研究

有论者认为教育权利问题是薄弱学校研究的理论基石。教育是社会发展的平衡器、稳定器。薄弱学校发展的基本矛盾是公平的理想性和选择教育的现实合理性,还存在着教育发展的现实差异性与人民对优质教育资源需求迫切性之间、效率与公平之间等诸多矛盾。[②]

[①] 罗嘉文,杜德栎,刘义民."四方协同"模式:推进农村中小学高质量发展的探索[J].教育评论,2021(10):144-147.
[②] 李桂强.薄弱学校研究综述[J].内蒙古师范大学学报(教育科学版),2004(6):1-3.

有学者指出,薄弱学校是相对于好学校而言的,实质就是指在一定区域内在多种因素作用下,教学质量差、社会信誉差的学校。他认为薄弱学校矛盾和问题的焦点,实际上是办学质量和社会效益的问题。要想治理薄弱学校必须抓重点,夯实基础。① 赞同以上观点的学者对此进行了补充。邓静芬认为薄弱学校是一个相对的、动态发展的概念。虽然在同一时间和空间内,薄弱学校具有绝对意义上的表征,但是随着时空的发展,薄弱学校的内涵也相应地发生变化。② 她认为教学质量低是薄弱学校存在的共同的突出问题。由于教学质量低下,学校在社会上的知名度和声誉都不好,好的生源流失严重,形成了"马太效应"。她认为薄弱学校必须要围绕全面提高教学质量这个中心来开展工作。薄弱学校要想走出这一泥潭改变自己的命运,首先必须要紧紧抓住课堂教学这个学校改进的关键点。当然,也有学者持相反意见。吴亮奎认为应该对义务教育阶段的薄弱学校进行辩证分析,他认为薄弱学校主要是在优质化发展中、品牌打造中和择校过程中分化出的,"学校撤并"和"集团化办学"都不是改造薄弱学校的应然路径。③

还有研究者通过研究国外薄弱学校改进的策略指出,许多国家都制定了严格的针对薄弱学校的标准和程序,以确保薄弱学校鉴别工作的顺利开展。美国鉴定薄弱学校以州统考成绩为基础,对学生统考成绩、年度改进等几个指标进行综合分析,以成绩计分方式来鉴别。英国主要依据考试成绩、辍学率、升学率等进行评估,如果学校评估的结果低于全国的平均标准,则定为薄弱学校。法国是以学生考试成绩、毕业率和辍学率等作为薄弱学校评估的统一标准和依据。④

综上,"薄弱学校"是一个相对概念,不同评价标准下筛选薄弱学校的依据不同,但共性都是教学质量低。

---

① 郑友训.薄弱学校的成因及变革策略[J].教育探索,2002(10):43-45.
② 邓静芬.薄弱学校改进对策初探[J].成都师范学院学报,2009(2):93-94.
③ 吴亮奎.为"薄弱学校"辩护:基于教育价值的思考[J].教育发展研究,2013(2):10-14.
④ 励骅,白华.国外薄弱学校改进的有效举措探析[J].比较教育研究,2009(6):52-56.

2. 改进与提升的研究

薄弱学校的改进首先需要确定改进的理念。有论者指出，通过薄弱学校的自我努力与改进，强化自我担当意识，把教育的学习共同体作为学校建设的目标，[①]方能为改进奠定坚实的基础。

明确薄弱学校改进的目的有助于设计改进与提升的策略。有论者认为学校改进是为更有效地实现教育目标而做的一种系统而持续的努力，他们总结了经济合作与发展组织（OECD）成员国针对薄弱学校提出的改进策略，即加强和支持学校领导，营造有利于学习的学校环境，吸引、支持和留住高质量的教师，确保有效的课堂教学策略等。并在此基础上提出了对我国薄弱学校改进的启示，即明确主体即是内生性动力，是学校改进的主导。薄弱学校改进的关键是学校领导者，决定学校改进的成效很大程度上取决于领导改进意愿和工作能力。学校改进的践行者是教师，教师不仅是教学活动的主导，也是对学生学业成就影响最大的学校工作实践者。[②]

在建构提升策略方面，许多研究者提出了不同的模式。有学者从内生发展的视角出发，探索了本土化数字资源开发模式"多方协同"，提出由"外推"走向"内生"的薄弱学校发展模式。[③]有研究者分析现阶段"学校共同体"的几种组织形式在我国改善薄弱学校所取得的成效以及存在的问题，提出了由优质学校与薄弱学校所结成的"学校共同体"的管理模式。[④]还有研究者总结近年来改造我国薄弱学校的模式主要有：捆绑模式、撤并模式、托管模式、学区制模式、集团化办学模式和自主革新模式。[⑤]

更有学者比较了不同国家在薄弱学校提升方面做出的努力。美国

---

① 周兴国.薄弱学校改进的困境与出路：制度分析理论的视角[J].教育发展研究，2010（4）：6-9.
② 白亮，凌郡.OECD国家薄弱学校改进策略与启示[J].教育科学研究，2015（8）：36-41.
③ 叶春波."互联网+"背景下薄弱学校内生发展的困境与出路[J].当代教育科学，2020（5）：78-81.
④ 林亮亮.县域薄弱学校改进的共同体模式的研究[D].南京：南京师范大学，2015.
⑤ 武秀霞，高维.我国薄弱学校改造模式探析[J].上海教育科研，2018（1）：53-57.

的布雷迪(Ronald C. Brady)在《失败的学校能改进吗?》(*Can Failing Schools be Fixed?*)中总结道,各州和学区采取了20多种干预策略改进薄弱学校,并根据干预度分为轻度、中度和重度干预。[①] 轻度干预指的是对薄弱学校进行鉴定,为学校提供技术支持,为薄弱学校制订发展规划等;中度干预是在轻度干预的基础上增加更换校长等策略;重度干预则是重构学校和关闭学校。2009年美国确定了扭转模式、转型模式、重办模式和关闭模式等四种薄弱学校改造模式。特许学校制度在关闭模式下逐渐在美国发展起来,成为美国改进薄弱学校的重要措施。在美国,特许学校的生存主要依靠提升教育教学质量,因为如果特许学校的教育教学质量不能胜过美国公立学校,生源就无法保障,学校只好关闭。

在英国,义务教育发展不均衡问题同样存在。英国政府从1998年开始着力改善义务教育发展不均衡的状况,先后推出了"教育行动区计划""特色学校""学院类学校计划""国家挑战计划"等多项重大举措。

法国为了改进薄弱学校采取很多积极的政策,如"优先教育区",也就是"教育优先区"计划,对薄弱学校在师资、政策等方面给予特殊的政策和资金支持,是一项向薄弱学校群体倾斜的教育政策。

基于前面对薄弱学校定义的探讨,提升教育教学质量不失为改进提升的突破口,有非常多的研究者在这方面谈到了自己的见解。

有学者在文章中阐述了薄弱学校发展的策略,认为提高薄弱学校的办学质量和效益要以改革为突破口;强化政府责任,应把重点放到均衡发展的策略上来;应加快推进中小学标准化建设;并且要促进教育资源在区域内流动,实施区域资源的共享。[②]

有研究团队认为,办学质量未达标是薄弱学校的主要表征,薄弱学校发展的最终追求是内生发展。撬动薄弱学校内生发展的最佳着力点

[①] Ronald C. Brady. Can Failing Schools Be Fixed?[EB/OL]. http://www.ecs.org/html/Document.asp?chouseid=4778,2009-06-26.
[②] 李桂强.薄弱学校研究综述[J].内蒙古师范大学学报(教育科学版),2004(6):1-3.

是课堂教学,促使薄弱学校崛起的重要因子是教育信息化。①

有论者认为学校改进是持续循环进变革的过程,是改进计划、实施、评估和反馈的有机结合。②王海英强调课堂教学改革的重要性,认为提高学生学业成绩要依靠改善课堂教学和促进教师专业发展的理性路径。③柳海民和周霖提出薄弱初中要依靠自身的教育教学力量,可以通过教育科研和改革找到适合自身发展的道路,必须从自身内部找到学校改进的突破点。④翟福梅认为集体备课是薄弱学校改进应抓住的重点环节,通过提高教师备课的质量,提升课堂教学的效果。⑤

此外,不乏有研究者选取案例作为实证。有研究者选取了以H中学作为个案进行薄弱学校改进的研究,研究发现:外驱力和内驱力共同作用的结果是学校改进;内、外驱力在学校改进的不同时期所起的作用是不同的。她认为学校改进的主要影响因素包括校长的领导力、教师专业成长、学校制度的改进、环境建设等。有青年学者以S初中为例,阐述了S初中优化内部管理,形成比较完善的教育教学管理体系,从薄弱到发展的改进过程。在学生方面,从学生学习习惯养成和唤醒主体意识入手;在教师方面,通过抓实教学环节和开展教科研活动,提升教师专业发展;以完善各项规章制度、加强干部队伍建设,来提升行政干部执行力。在论述的最后,提到改进后S初中学生的素养和教师的素质明显提高,办学水平明显提升。⑥

综上,从薄弱学校内涵的理论研究和薄弱学校改进的策略研究来看,教学质量是薄弱学校显性的关键问题,提升教学质量是改进薄弱学校的重点。

---

① 温小勇,刘露,李一帆.教育信息化助力薄弱学校内生发展的研究[J].教学与管理,2019(36):47-50.
② 田晓苗.学校改进中教育行政部门的服务职责研究[D].长春:东北师范大学,2012.
③ 王海英,伍州.学校改进的路径分析:学校领导的视角[J].教育科学,2009(2):8-12.
④ 柳海民,周霖.在义务教育均衡发展的理论与对策研究[M].长春:东北师范大学出版社,2007.
⑤ 翟福梅.薄弱学校改造的策略[M].上海:百家出版社,2007.
⑥ 郑训彬.农村薄弱学校改进的个案研究——以中山市坦洲镇S初中为例[D].武汉:华中师范大学,2021.

(三）学校优质发展的路径与策略探索

要探明学校优质发展的路径和策略，首先要明确何谓"优质学校"。在明确"优质学校"的概念前提下，以成果为导向，反推优质学校的建设路径，最终在基本达成"优质"的情况下，总结学校优质发展的路径与策略。以下将从这三个方面进行国内外文献梳理。

1. 优质学校定义的理论研究

从时间上看，西方国家进行优质学校的研究时间更长，对优质学校的概念解读也经历了多重变化。中国的研究起步较晚，但建立在西方国家已有的研究基础上，发展迅速。因此，笔者首先从时间顺序上对国外研究进行回顾，再回看国内的相关研究。

（1）国外的研究

自20世纪70年代以来，西方国家开始了声势浩荡的学校改革运动，先后出现了很多奠定优质学校基础的概念及策略，如：有效学校、学校改进、学校重建等。

美国学者科尔曼最早提出"有效学校（effective schools）"一词，他也被誉为"有效学校"之父。有效学校是指学校能充分发挥自身的功能，使所有学生都能有所成就。科尔曼在《教育机会平等》中指出，学校、社会和家庭在学生的教育过程中起着重要的作用，影响着教育成果。由此，教育界开始了"什么样的学校才能让所有孩子都取得成功"的教育假设。之后又有许多学者对"有效学校"的概念、特征、建设过程等进行研究，这为当今优质学校建设提供了很多颇有价值的学术借鉴。

美国的学校重建运动对各国优质学校建设产生了深远的影响。学校重建（school restructuring）是指在对学校诊断和剖析后，学校办学模式被彻底否定，全面改革学校建设的所有环节，以期构成全新的教育新样态。而通过改革摒弃不利于学校的方面，找到学校发展的着力处，集中精力办学，以此促进学校的发展，是为学校改进。

无疑,"学校重建"运动对人力、物力、财力的消耗是极高的,而改进薄弱学校、使之建设成为优质学校则要划算得多。很多国家不约而同地把薄弱学校改进作为优质学校建设的重要途径,通过消除薄弱学校来促进教育均衡发展和教育公平,美国、法国、英国等国家在此方面贡献了不少措施,[①]也在此基础上逐渐明确了优质学校的概念。例如,有论者指出,优质学校一定是关注学生的学校。这种关注不是对某一类学生群体(如学困生、尖子生、中间学生等)的关注,而是对培养所有学生3R能力的关注。3R是指善于推理(reasoning)、韧性(resilience)和责任感(responsibility)。优质学校应当致力于培养学生的3R能力,在学生3R能力不断提升的过程中,学校自然而然走向优质。[②]还有论者指出,学校建设需要学生参与,优质学校应具备包容的特质。[③]

从西方国家的研究经历看,以美国为首的国家经历了从"好"是否意味着"优质"的思考,到引入政府、社会、家庭力量介入学校,从而实现优质的漫长探索。

(2) 国内的研究

中国的优质学校建设计划是世界"学校重建"运动与本土的"素质教育"运动双重影响的产物,因此,以"优质学校"为主题词在中国知网进行搜索,可以搜到期刊483篇文献,再对数据进行可视化分析,能发现2003年之前仅有6篇文献,且多是对香港优质学校建设的情况介绍。近10年来,国内学者对优质学校的关注度渐增,每年有20—60篇不等的研究成果发表。纵览这些文章,对优质学校概念的思考多聚焦于"软件"的改善,而非"硬件"的提升。

有极个别研究者认为,优质学校具有优质的物质资源。在优质学校

[①] 肖庆顺.发达国家和地区优质学校建设的历程及特点[J].天津市教科院学报,2011(4): 45-47.
[②] 斯滕伯格,杜娟(编译),盛群力(编译).论优质学校的现代标准[J].教育发展研究,2009(2): 42-45.
[③] 克里夫·贝克.优化学校教育———种价值的观点[M].戚万学,赵文静,唐汉卫,等译.上海:华东师范大学出版社,2003.

的形成阶段，大多是受到了政府的政策或财政的倾斜和扶持，使其具有改革和发展的雄厚物质基础，进而形成了品牌效应。①

更多的研究者从办学质量、学校文化、学校形象、以人为本观等软处着手，对优质学校的含义提出自己的见解。有论者指出，教育质量往往是评判一所学校是否优质的重要标准，优质学校与教育质量具有内在关联性，优质学校一般则是以较高的教育质量赢得良好的社会声誉。因此，学校发展的注意力应集中在办学水平持续不断地提高上，从而使学校规模、质量效益达到有机的协调统一。②有学者提出"文化基质"的优质学校主张，学校是否具有优良的学校文化是优质学校形成的关键。优良的学校文化是通过传承积淀、在动态发展中形成的价值观，它是学校优质发展建设中需着重加以思考的重要内容。③还有论者从评价学校形象的角度入手，将学校形象分为校园环境、学校办事效率等外在形象，和校内管理者、师生形象以及学校工作形象等内在形象。④

除此之外，以学生为中心、关注教师发展等人本观念也是优质学校必不可少的特征。有论者提出优质学校应当一切以人为本，尊重个人发展。⑤还有论者指出，一所好学校应该包括：学校能让所有学生获得成功，学校能让教师体验幸福感和职业的尊严，学校成为社会家庭中富有建设性的成员。⑥

概言之，国内学者对优质学校的评价更多看中软实力的发展，只是有些人强调整体，有些人只关注局部，因此有人把优质学校类型分为整体性优质和特色性优质，也有人把优质学校的类型分为普遍性优质和情景性优质。笔者认为他们的实质是相同的，"整体性优质"和"普遍性优质"都是指学校的综合实力强，学校众多要素间协调整体优化发展，教育

---

① 陶西平.论优质教育与优质学校[J].新教育周刊，2005(5)：2-3.
② 王留玉.关注内涵发展创办优质学校[J].黑河教育，2014(2)：10-11.
③ 张新平.教育高质量发展之探究[J].教育探究，2020(6)：1.
④ 黄兆龙.评估现代学校形象的框架要素.[EB/OL].http://www.pceec./cn/news-794.html.
⑤ 张军凤.优质学校的内涵与实现路径[J].天津市教科院学报，2009(5)：33-34.
⑥ 肖川.好学校的标准[J].当代教育论坛（校长教育研究），2008(2)：1.

质量、社会形象与对外影响力都超出同类学校,其社会的认可度与内部的发展力保持相对稳定向上发展的学校。"特色性优质"和"情景性优质"也大同小异,都认为优质学校并不意味着学校各要素都是优质的,而是学校在某一方面的办学优势。人们眼中的优质学校在不同时期和情境中是不尽相同的,它是一个相对的、动态的、发展性的概念。

2. 优质学校建设的策略

优质学校建设是以建设优质学校为目的,不仅需要学校自身做出努力,还需要来自政府、社会和其他学校等方面的支持与帮扶。

(1) 国内的研究

优质学校的建设有赖于多方面的提升,因此国内学者在进行相关研究时通常采用多层次、多角度的方式提出建议。例如,马云鹏等人把建设学校文化、提升学校管理水平、提高教师教学能力、培养学生学习能力等作为打造学校优质的四大子系统。[1]蒋小萍从办学理念、学校文化、学校管理、教师素质、教育教学、资源投入等角度入手提出了优质学校的创建策略。[2]程国文提出建设一所好学校首先应该具有明确而先进的教育教学理念和开放的办学理念;需打造鲜明的办学特色;建设一支专业素质和能力过硬的教师队伍;为学生提供健康成长和个性发展的机会。[3]吴清山认为发展为优质学校,首先必须有强势的行政领导,还要满足以下条件:创设和谐的学校气氛;建设良好的学校文化;重视学生基本能力的习得;提高教师有效的教学技巧;经常督视学生的进步和教职员的进修与发展;并且妥善地处理学校环境;得到社区、家长的参与和支持。[4]我国东北师范大学比较早地对优质学校大规模研究,他们全面分析和研究国内外成功学校,总结优质学校成功的经验、探析优质学

---

[1] 马云鹏,邬志辉,谢翌,等.优质学校的理解与建设:21世纪中小学教育改革探索[M].北京:高等教育出版社,2006.
[2] 蒋小萍.优质学校创建策略研究——以广东省佛山市南海中学为例[D].武汉:湖北大学,2010.
[3] 程国文."法国好学校标准"引发的思考[J].基础教育参考,2006(2):32-33.
[4] 吴清山.学校效能研究[M].台北:五南图书出版公司,1996.

校的特征和理念、研究优质学校的评价标准,并且提出了优质学校建设的一系列策略。上海的"新优质学校"项目是我国优质学校发展的典型代表。

除了概括性地提出优质学校建设方案,也有学者致力于研究优质学校某一特质的建设与提升。例如,谢翌和马云鹏认为优质学校建设的主要任务是重建学校文化。他们认为理解和把握学校文化的基本取向和内涵是学校文化重建的重要前提。诊断和评估学校文化的现状,以及树立学校全员共享的价值观是学校文化重建的基本过程,优质学校的重要目标是建构合作性的学校文化。学校的成功改进不能仅凭个别教师的优质化发展,而要依赖于专业化的教师团队建设。[1]冯晓敏指出,在优质学校建设过程中,需要通过校长文化领导,形成学校文化共同体,并且达成家校文化发展共识来实现学校的优质。通过校长在对学校原有文化反思和诊断的基础上进行认知、整合、提炼和重建,并在学校的管理中将其传播到师生当中,达到增强师生对学校文化的认同感目的,推动学校逐步走向优质。[2]林春腾认为中小学与高校合作进行学校改进,能促进教育优质发展。他认为通过中小学与大学的合作,能获得大学在专业上的引领,能够突破学校发展的瓶颈,向着优质学校的方向前进。[3]姚永强认为有效推进优质学校的建设,首先要对优质学校的内涵有正确理解,并且搭建符合现实而科学的指标评价体系,再而优化学校内部结构要素和获得外部环境的支持,不断反思和调整学校的目标和未来的发展方向。[4]贾汇亮认为创建优质学校必须从"有效教学"向"优效教学"转变,他特别强调的是课堂教学微笑曲线的分析,通过有效而灵活的教学思路、高效而灵动的课堂教学,不仅可以激发教师的热情,还可以充分调

---

[1] 谢翌,马云鹏.重建学校文化:优质学校建构的主要任务[J].华东师范大学学报(教育科学版),2005,23(1):7-15.
[2] 冯晓敏.校长文化领导与优质学校建设[J].现代教育管理,2006(1):50-53.
[3] 林春腾.与高校携手,促进区域新优质学校成长[J].北京教育(普教版),2020(10):26-28.
[4] 姚永强.关于优质中小学校的理解及其建设[J].现代中小学教育,2017(10):1-5.

动学生的兴趣和主动性，不仅能提高课堂教育效率，而且课堂教学能获得较高的附加值。[①]

有学者分析优质学校建设的路径特征，将优质学校分为"政策扶持型"优质学校、"历史依托型"优质学校、"自主奋斗型"优质学校、"示范性"优质学校等。虽然优质学校建设的路径选择成因多种多样，最终目的都是一样的：打造优质学校，促进学校优质发展。基于优质学校殊途同归的建设样态，有论者认为优质学校发展具有成长阶段性特征：规范校展示出扎实基础，特色校表现出理想形态，示范校彰显出超越发展。优质学校创建，不仅需要优势视角的欣赏型探究，还需内源性发展的自我变革和具有未来教育发展的全球性视野。当下需要以教育家的视角去引领学校优质办学，用高期待的学校文化滋养出优质学校，用自主性的校本管理来生发学校的优质。要以全球性的视野让优质学校步入国际化轨道和未来教育。[②]也有论者指出可以用"现代性生长"来定义优质学校——促进优质学校现代性生长的路径和策略可概括为"以'变'促'化'"，用管理、课程、教学、评价和技术的"变革"来促进学校的现代化和优质化。[③]

中国香港和中国台湾地区也为优质学校的建设交出了自己的答卷。中国香港的优质学校计划其实是学校改进计划，主要途径是通过学校与大学的协作，建立优良的学校文化，全面提升学校的教学质量，令校内的人员持续改进，让每位学生得到出色的学习效果。计划致力于每位学生的成功。20世纪90年代初，为促使中国台湾的学校加快向优质学校发展，台北市教育部门开始着手优质学校指标研究，根据指标对学校进行评定。他们把教育质量的提升放在学校发展的首位，要求在学校发展的过程中不断改进教育质量，并落实在日常的行政管理与教育

[①] 贾汇亮,李志明.优质学校创建的"五个转变"[J].教学与管理,2013(11):28-30.
[②] 项红专.优质学校的阶段性发展与策略性推进[J].中国教育学刊,2018(7):43-47.
[③] 杨小微.对标2035：学校教育现代化推进的方向与路径[J].人民教育,2020(3):17-20.

教学活动中。

优质学校的建设是一个庞大的工程，首先需要做好定位，明确优质学校的内涵，树立优质学校应具备的教育教学理念和办学理念，其次将学校文化、师资队伍、学生能力等各个方面进行全方位提升，缺一不可。

(2) 国外的研究

许多经济和教育都较发达的国家和地区都结合自身的特点和教育未来发展的需要，制订了鼓励和引导学校创建优质学校的优质发展计划，比如英国的"灯塔学校"、美国的"蓝带学校"和日本的"彩虹计划"等都是有代表性的优质学校以及创优计划。

英国的"灯塔学校"是由政府认定具有较高教学水平和优秀教育质量的学校。作为"灯塔"，作为优质教育的楷模，这些学校把自己先进的管理和教学经验以及学校颇具个性的特色同其他的学校分享，帮助非"灯塔学校"和薄弱学校改进和提高学校管理和教育教学水平。"灯塔学校"是英国"追求卓越的城市教育"计划的一部分。[1]

美国的"蓝带学校"同样是由政府认证，学生学业成绩突出的高水平学校。美国政府把"学校的组织与文化""专业社群领导和教育活力""挑战性的课程和标准""主动的教学和学习""学生的关注与支持""学校、家庭与社区伙伴关系""成功指标"等八个领域的指标作为评判"蓝带学校"的标准，[2]希望通过"蓝带学校"的评选，激励各学校提高教育教学质量，并且能提供给学生更高水平的教学服务。[3]

日本的"彩虹计划"在优质学校建设上的关注范围比较广，既关注到管理层面的能力，还关注到教师能力水平的提高、课堂教学效益的提升、学习环境的创设、家校社区关系的建立等诸多方面，学校整体性的优质化促进了学校发展、教育进步。

---

[1] 田莉．"灯塔学校"英国推广优质教学的有益尝试[J]．基础教育参考，2007(2)：32-34．
[2] 陆仁杰．让每所高中成功——基于兴化市优质高中发展策略的研究[D]．上海：华东师范大学，2005．
[3] 于长学．美国新"蓝带学校"计划[J]．基础教育参考，2003(Z1)：22-24．

除上述三个国家外,还有不少国家也有卓越的学校优质建设计划,如芬兰综合学校学分制改革、荷兰全国学校改进项目、西班牙公立学校年度改进计划等。

从英、美、日三国的经验来看,学校发展的态势受政治、经济等诸多社会因素的影响。20世纪90年代末,国家重视义务教育的普及,民众对教育的需求是有学上,此时的教育主要从规模上大力扩张,解决老百姓对有书读的需求。21世纪初,人们对质量的内涵和质量的提升又有了新的思索,学校的发展不再局限于硬件的改善和课堂效率的提高,而是把学校作为一个整体,剖析存在的问题,研究学校的改进策略。

综合现有的国内外研究和实践进展,各个国家和地区优质学校建设体现出的共同点和趋势有:政府主导,体现政府对教育的基本要求;以校为本,追求办学特色化;学校发展目标与理念的内化;以生为本,突出学生发展个性化;重视教师队伍建设,促进教师发展专业化;注重课程与教学的改革,实现课程教学优化;注重组织的系统变革,强调学校改革的整体系统化;注重交流与合作,体现优质学校建设的国际化。[①]

3. 学校优质发展的路径和策略

(1) 国内学界的研究

国内的学者通过研究提炼出国内学校改进与发展的主要策略,大体可以分为外部力量介入和自身变革发展两类。

外部力量通常包括政策法规的支持、社会资源的参与及信息技术的介入等。例如,胡定荣提出了"政府、大学和中学合作"的改进方式。北京市教委委托北京师范大学以"学者参与薄弱高中改进"的方式,一些学者也相继提出了薄弱学校与高校教师建立合作的"U—S"模式,意在借助高等教育指导薄弱学校的教师专业发展。李广则提出了"学校—社区互动"策略,并提供了学校与社区紧密结合的学校优质发展的实践

[①] 肖庆顺.发达国家和地区优质学校建设的历程及特点[J].天津市教科院学报,2011(4):45-47.

样态。①陆云泉认为未来教育要求学校优质发展,对学校和校长提出了很多新的挑战和要求,学校优质发展要求学校教育须基于学生整个人生的长度来衡量,学校教育对学生整体生命成长的价值和意义是衡量的尺度。他认为在这个过程中要求学校能适时地运用新技术,通过智慧化的教学手段来促进教学质量的提升。他主张"生态智慧教育"是学校实现优质发展的一条有效路径。他认为"生态智慧"是一种教育理念和教育的手段,它以人工智能等先进信息技术精准支持教育,并在教育的过程中,不仅尊重教育规律,更强调尊重生命、尊重生命成长规律。②

有论者以中学为例,强调了多方外部力量介入学校发展的必要性和重要性。杨春增、白燕指出,当前人们对中学加速发展持有种种看法。初中教育是基础教育的一个老大难问题,长期存在,它的社会形象已基本形成,很难改变。要发展必须调动各方面的有利因素,进行综合治理,依靠政府和教育行政部门的扶植,多投入,给政策;教育行政部门应调整非优质校的领导班子和骨干教师,改革招生办法,改变生源质量;初中学校的全体教师要提振信心,奋发图强,自力更生,挖掘内部潜力。自身变革发展主要包含办学总体设计、学校内涵挖掘、课程教学改革、师资队伍建设等层面。

办学总体设计方面,王丽华认为,学校制度的改进、校长领导力的提升、关爱共同体的形成、教师专业的成长、环境建设和教育资源的共享等都是学校发展的策略。③蒲蕊指出有效的学校改进策略主要包括:关注组织结构变革、教学实践;重视制度建设,关注教职员工的情感与精神;关注相关支持条件的完善。④沈玉顺总结概括出了学校改进的四种本土策略,即通过教育教学思想的更新改进学校,通过管理的革新改进学校,

---

① 李广."学校—社区互动"促进农村学校改进研究[J].教育研究,2018(4):75-79.
② 陆云泉.生态与智慧:未来学校优质发展的关键词[J].中小学管理,2021(1):5-8.
③ 王丽华.薄弱学校改进的个案研究[J].教育发展研究,2007(10B):33-37.
④ 蒲蕊.有效的学校改进:一种实施策略的视角[J].教育科学研究,2010(3):27-31.

运用日常教育智慧改进学校,通过信息技术的应用改进学校。[1]王海英等指出改进学校的路径有组织路径、家庭路径、理性路径和情感路径等。主要是指促进教师专业发展,改善课堂教学;变革学校的组织环境,培养积极的教师情感;促进家校合作。[2]

学校内涵挖掘方面,范先佐通过引入社会学中的内生发展理论,阐明主动发展理念、主体作用、自我发展能力以及办学优势与特色是学校改进和发展的基本路径选择。[3]张新平认为义务教育优质学校的建设除聚焦于问题的"诊治",更应致力于自身优势的发现和挖掘,为优质学校的建设开辟出一条崭新的道路。[4]路光远主张应该打造薄弱学校内涵发展之路,坚持"文化立校"。他认为学校改进的关键是要更新办学理念和改革教育方法,而非局限于抓硬件而一味地改善办学条件。[5]

学校课程教学改革方面,胡定荣和课题组进行教学改进的实践研究,提出了"两分析—三备—四步—两循环"的教学模式,使学校的改进和发展取得成功。[6]刘丽丽和林秀艳认为在学校优质发展中课程建设具有重要价值。她们认为,学校优质发展既要加强学校课程建设的整体性,也要关注课程建设的层级性,并且要凸显出学校课程建设的独特性。她们对北京市海淀区16所新品牌建设校进行了调研,在分析了学校优质发展的过程中课程建设的路径后,得出:形成鲜明的办学主张和强化课程结构的顶层设计、优化课程实施的方案和策略以及创新课程管理等是学校优质发展的路径。[7]

师资队伍建设方面,不少学者在教师的培训制度方面给出了方案,

---

[1] 沈玉顺.学校改进实践策略解读——基于我国中小学学校改进实践的分析[J].教育发展研究,2010(18):16-20.
[2] 王海英,伍州.学校改进的路径分析:学校领导的视角[J].教育科学,2009(2):8-12.
[3] 范先佐,白正府.比较优势确认:薄弱学校改造的重要途径[J].现代教育管理,2014(7):40-44.
[4] 张新平.义务教育优质学校的建设路径[J].教师教育学报,2016(1):73-87.
[5] 路光远.内涵发展:薄弱学校的更新之路[J].全球教育展望,2005(4):9-12.
[6] 胡定荣.薄弱学校的教学改进——大学与中学的合作研究[M].北京:教育科学出版社,2013.
[7] 刘丽丽,林秀艳.从薄弱走向优质:学校课程发展的路径选择——基于16所新品牌建设校调研结果的分析[J].基础教育课程,2020(6):26-33.

认为对教师的继续教育与培训制度的不断完善是提高教师专业水平的保障，提出了专家引领、校本教研、搭建研训平台等方式。对教师的教学行为提出了要求，指出讲课时要突出亮点，做学生思维的兴奋剂；教师要关注学生间的差异，充分尊重学生个性。严先元认为课堂教学的关键是教师的教育思想理念、教师的教学智慧和策略、教学专长。[1]柳礼泉则结合教学论的要求提出"概课"概念，他认为教师进行类型多样、囊括重难点和热点的教学研究，其意义才更加深刻，并提出"加强教学研究是提升教学实效的基础工程"。

（2）国外学界的研究

在学校发展的策略方面，国外学者的研究主要集中在校长领导力建设、学校文化建设、学校组织建设、教师专业发展、课堂教学改进、关注学生发展与技术赋能等方面。

国外学者们主要关注点在于校长时间利用、角色定位、加强领导力等方面。有学者通过实证分析后指出，频繁更换校长不利于提高学生成绩，更难以提高学校质量；Eileen Lai Horng通过研究发现校长如果把大部分时间花在学校相关组织管理活动上则能产生高效能；[2]Fred C. Lunenburg强调校长需要努力使学校成为学习共同体，从而提高效能，促进每个学生的发展，[3]这是通过提高全体师生的能力能得以实现的。

国外的学者们也从不同角度论证了学校文化在促进学校发展中的作用。有学者强调学校选择发展方式时必须与其所处的环境与所形成的文化兼容，或者把文化建设或环境建设作为学校发展过程中的切入口或重要部分，特别强调学校在发展的过程中要关注文化传承，既要包容已有文化的优秀性，在学校文化的发展上又要保持现代性，同时要注意

---

[1] 严先元.走向有效的课堂教学[M].成都：四川大学出版社,2010.
[2] Eileen Lai Horng. Principal's Time Use and School Effectiveness[J]. *American Journal of Education*, August 2010(116): 491–523.
[3] Fred C. Lunenburg. Strengthening the Principal's Toolbox: Strategies to Boost Learning[J]. *National Forum of Educational Administration and Supervision Journal*, January 2014(32): 4–17.

保持学校文化的独特性。①

教师的教学思想和业务能力水平，对学校的发展有着举足轻重的影响。特别是学校发展过程中，他们所受的影响以及转变的教学思想和教学方式，对于学校优质发展起着巨大作用。Theodore Stefan Kaniuka通过一些案例的研究，认为教师在学校变革中，通过自我怀疑、自我抵制、自我接受、自我支持的转变过程后获得能力的提高，是促进学校改革和发展的重要动力；②也有学者在文章中指出，学校通过教师可以获取学生学习最真实的需求，通过与教师的良好沟通，关注教师发出的声音，学校的发展才能适合绝大多数的师生。在许多国家进行教学改革和发展的过程中，激发教师内在的改革和发展意愿是一个重要的方面。孙河川指出，欧盟学校和政府优先考虑的是促进学校的自身建设，而自身建设首先必须激发学校内在的意愿和能力。③

学者们主要研究了学生发展方向、自我意识以及对学校发展的看法等问题。Maurice J. Elias运用多年的研究案例，指出"不让一个孩子掉队"，要求学校全员要致力于促进学生学术、社会性和情绪的不间断的整合式发展。Shefali R. Pandya指出，学校主要任务不仅仅是促进学生学业成绩发展，还要培养学生对于生活、情绪和积极的世界观的自我意识，因为这种自我意识对于学生未来发展至关重要，自我意识培养也应当成为衡量学校效能的重要指标。Philip Cross强调学校效能的评估往往太过关注自我评估、学术研究等以及学校自身角度，忽视了学生对学校效能的认知。④

---

① Paul Rooney. Schools as Cultural Hubs: The Untapped Potential of Cultural Assets for Enhancing School Effectiveness[J]. *The International Journal of Educational Organization and Leadership*, December 2013(19): 23–33.
② Theodore Stefan Kaniuka. Toward an Understanding of How Teachers Change During School Reform: Considerations for Educational Leadership and School Improvement[J]. *Educational Change*, January 2012(13): 327–346.
③ 孙河川,高鸿源,刘扬云.从薄弱走向优质——欧盟国家薄弱学校改进之路[M].北京:高等教育出版社,2006.
④ Philip Cross. The "Missed" Potential: The Importance of Students' Perceptions for School Effectiveness[J]. *Education Review*, January 2011(22): 84–96.

随着现代教育信息技术的发展，越来越多的学校借力现代信息技术，为学校发展助力。而信息技术的运用更多地把关注点集中在利用技术更好地推动学校管理和课堂与教学的实践效率上。Barbara B. Levin 在 Lessons Learned from Secondary Schools Using Technology for School Improvement 一文中指出，校长领导力、学校文化、课程和教学等均可借力现代信息技术来促进学校各方面的发展。[1]还有学者阐述了信息技术和设施在学校优质发展中的作用，指出利用信息技术不但能促进教育教学质量的提升，还能引领学生向更现代、更积极的方向发展。[2]

霍普金斯认为学校发展的过程中要关注学生的学习结果和组织变革、教师行为变革等，这些最终都是为了提高学生的学习结果。他认为专业化教学、个性化学习、智慧型绩效责任以及网状组织运行是学校传统变革的四大驱动力。迈克尔·富兰总结出学校改革发展过程包括三个阶段，即开始阶段、实施阶段和制度化阶段。

总而言之，国外的学者们在研究学校的发展策略时，选取的角度与国内学者大同小异，无论是校长领导力的提升、教师专业队伍的建设，还是技术赋能带来的效率增长，都是学校发展必不可少的途径。但同时也要看到，不能忽略外部环境，如政策导向、社会舆论、家长期待等方面对学校办学的影响，而要以审慎的态度看待国外研究者的研究结论。

五、基本概念解析

（一）初中

初级中学简称初中（junior school），是中学的初级阶段，是向高中过渡的一个时期。当前我国初中教育阶段主要存在四种类型：初中、完全

---

[1] Barbara B. Levin. Lessons Learned from Secondary Schools Using Technology for School Improvement [J]. *Journal of School Leadership*, July 2014 (24): 640.
[2] Nilgün Tosun. Using Information and Communication Technologies in School Improvement [J]. *The Turkish Online Journal of Educational Technology*, January 2011 (10): 223-231.

中学、九年一贯制学校、十二年一贯制学校。普遍性的是七到九年级的三年制初中；也有小学五年和初中四年制的，如上海；独立的初级中学和高中一起的是完全中学；小学一年级到初中九年级的是九年一贯制学校；还有小学一年级到高中三年级的是十二年一贯制学校。这四种类型初中的发展是一个逐步发展分化的过程，先有初中学校然后才有高中，后来又发展出一贯制学校。

本课题中所指的初中主要是指我国教育发达地区办学条件较好、硬件设施基本符合教育需求的独立公办初级中学。

改革开放40年，是我国基础教育改革发展迈入新里程、步入发展快速道的40年，特别是初中教育改革发展历程以非直线性的方式推进，实现了根本性的跨越。

1978年我国的初中数量，在我国的学校发展史上位居高位达到113 130所，学校平均规模442人；净入学率是66.4%，小学是94.0%，也就是说全面初中普及程度还较低，全国1/3左右的适龄儿童没有机会进入初中学习，而初中的升学率为40.9%，这意味着仅不到1/3的适龄人群进入高中学习。专任教师数明显不足，初中生师比为21∶1。1986年，第六届全国人民代表大会第四次会议审议通过了《中华人民共和国义务教育法》，国家九年制义务教育政策得以落实，初中的入学率得以大幅度提升。到2020年，通过布局调整以及各省标准化建设，学校数已显著下降。初中5.28万所，学校平均规模相应为930人，毛入学率近百分之百，初中生师比下降到12.73∶1。这是实现了从"没学上"到"有学上"的伟大改变。

大规模办学和数量的扩张，解决了"没学上"的问题，但由于财力所限和社会对教育的关注重点在于数量的扩张上，使得许多农村学校和薄弱学校因得不到及时的和足够的财政性投入，以及教育部门对教学质量的关注的偏差，其发展就显得困难重重，学校间的差距也就越来越大。城乡间的不均衡、地区间的不均衡、学校间的不均衡等明显存在，成为备受关注的社会问题。2010年发布的《国家中长期教育改革和发展规划纲要（2010—2020年）》特别强调了义务教育均衡发展问题，提出要加快缩小城乡差距，缩小校际差距，建立城乡一体化义务教育发展的机制。2012年，国务院发布了《关于深入推进义务教育均衡发展的意见》。截至2020年底，全国已有2 809个县（市、区）通过了义务教育基本均衡发展督导评估认定，96.8%的县（市、区）实现了义务教育的基本均衡。同时还有26个省（区、市）整体通过了教育部的督导评估认定。

2017年教育部制定发布了《县域义务教育优质均衡发展督导评估办法》，引导各地将义务教育均衡发展向更高水平的优质推进，全面提高义务教育质量。2019年《中共中央国务院关于深化教育教学改革全面提高义务教育质量的意见》更是明确提出支持深化教育教学改革、全面提高义务教育质量工作，不仅是教育系统分内之责，也是全党全社会的共同责任。把学校的优质发展提到了前所未有的重视程度。截至2020年底，有22个省份制定了省级优质均衡发展推进规划，有20个省份确定了试点县。实施优质教育已成为义务教育的历史使命，而不能提供优质教育或者不能表现出不断提升的优质发展态势，学校就会陷入不良循环中，逐渐被社会和家长所抛弃。

（二）高质量发展与优质均衡

质量主要有两种含义：一是事物本身所具有的属性即是质量之"质"的规定性；二是满足特定对象需求的程度，即质量之"量"的规定性。质量是不同主体所认可的，质量是事物自身属性与个体合意性的函数，即事实与价值耦合的概念。当下，质量概念已从符合性质量、适用性质量上升到满意性质量。

高质量发展是对发展状态的一种事实与价值判断。高质量发展意味着在"质"与"量"两个维度上达到优质状态，表现为质量合意性和享用价值的提升。

综上，教育高质量发展就是以人民群众对优质教育的需求作为导向，不断提高优质化水平，实现更高质量、更有效率、更加公平、更可持续、更为安全的发展。

均衡是指将差距控制在合理区间或者相近水平，优质是指结果的高水平和高质量。优质均衡是在资源均衡的基础上实现质量的优质，其价值取向是均衡、优质、特色、共性。我国基础教育已经达到基本均衡的状态，教育资源在配置上已经基本平衡，基础教育均衡发展的主要矛盾已经从对"量"的需求转向对"质"的追求；也就是说，均衡发展已经走向以质量均衡为核心，以人的全面发展为目标的优质均衡。

教育高质量发展就其根本和决定意义而言，是人的高质量发展，以满足和促进人的全面发展为出发点，能大力促进教育公平，缩小教育差距。"十三五"以来，我国基础教育的整体水平已经迈入世界中上行列，人民群众"有学上"问题基本解决，"上好学"的需求日益强烈，优质均衡发展成为基础教育当前最紧迫、最核心的任务，高质量发展是实现优质均衡的根本途径。

（三）薄弱初中与非薄弱初中

2014年起，浙江省探索开展省级的教育质量综合评价监测，研制出了教育质量综合评价指标体系，聚焦于教育质量的管理机制，推动区域与学校改进教育质量管理、评价改革、综合素质评价等。2019年浙江省有1 744所初中，在校生163.64万人，教育厅根据《浙江省中小学教育质量综合评价》的要求对全省初中开展了质量监测，省教研室把730所初中学校作为样本进行分析，[①]基于学生学业成绩，根据监测中的27个指数把学校分成四类，如下图所示：

---

① 张丰.初中强校提质的路径.浙派名校长"初中提质强校"主题论坛,2020.9.19.

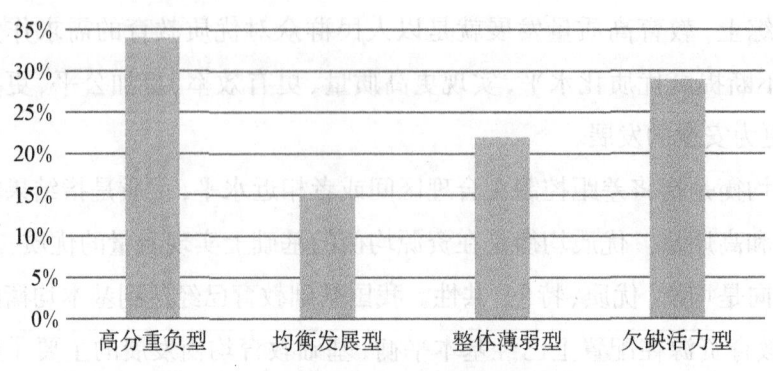

图1-1 根据学生学业成绩将学校分类

高分重负型

这类学校的学生以比较重的学业负担获得学业指标和高层次能力指标的高分。调查结果发现,有34%的学校是高分重负型的,其中城市初中有60%是高分重负型的,县城初中是39%,而农村初中约为10%。248所高分重负的学校中,公办初中为182所。调查还发现,家长、教师和学生均高满意度的占比为17%,这些高分重负型的学校的老师满意度较平均差一点,但在教师的专业发展等方面表现不错。

均衡发展型

这类学校的27个指标的得分均比较高,占总学校数的15%,在这110所学校中,公办学校为82所,而农村学校约为19%。这些学校得到家长、教师和学生均高满意度的占比最高,占到34.1%。可见,家长对学校的评价并非唯分数论,他们还关注学校的其他方面的发展。这些学校学界都比较关注,它们成为农村学校优质发展的研究对象,为后续研究农村初中的优质发展提供了可研读的样本。

整体薄弱型

这类学校在各项指数上的表现都较薄弱,尽管学生相对而言和其他重负型学校的学生相比负担较轻,但在学生的感受里负担还是非常重的,学生的负担承受力显得较弱。这样的学校占了22%,在这160所初中里,公办初中为139所。这类学校获得的社会满意度较低,特别是家长、教师和学生高满意度的占比是非常低的。

欠缺活力型

这类学校的学生在学业达标上比较理想,但是学校管理、教师教学、教师发展和学生发展等方面均处于较低的水平,这类学校占了29%。这类学校的问题和差距在教师上,也就是说这类学校的教师对学校的认同和工作的状态等存在问题,而学校得到家长和学生的认同率也是较低的,教师、家长和学生三项满意度均低的比例达到86.9%,这是值得管理层面研究和探讨的问题。可见,随着社会的发展,人们的学校教育质量观也发生了改变。家长、教师和学生不再仅仅关注学生的考试分数,对学校的评价开始多元化、客观化和全面科学化。

薄弱初中和非薄弱初中

本研究将对初中学校高质量发展进行研究,基于研究实效性和实践性强的原则,欲将以上四类学校再予分类。**假设1**:如果按优质与非优质划分学校,结合文献综述和四类学校分析,则均衡发展学校是优质学校,其他三类学校都是非优质学校,如图1-2。非优质学校包含了高分重负型、整体薄弱型和欠缺活力型三类学校,学校的共性欠缺,作为同一个对象研究相对比较繁复。**假设2**:如果按薄弱学校和非薄弱学校分类,结合文献综述和四类学校分析,则整体薄弱学校为薄弱学校,其他三类学校可归为非薄弱学校,如图1-3。非薄弱学校包含了均衡发展型、高分重负型和欠缺活力型三类学校,学校很明显的一个共性就是学生学业成绩即教学质量不低,这也是与薄弱学校最明显的差异,如果以此分类进行研究,研究的问题更加集中。

无论是优质初中还是薄弱初中,都只是一个相对的概念,并没有固定的划一的评定标准,都是指在一定时期,以一个区域的初中整体水平为参照物进行划分。不同区域、不同时期,衡量和评价的标准有所不同。学校分类具有相对性,但在同一区域和同一时期内,具有一定的稳定性。

本研究中,薄弱初中指的是在经济和教育均发达的区域内,学校教

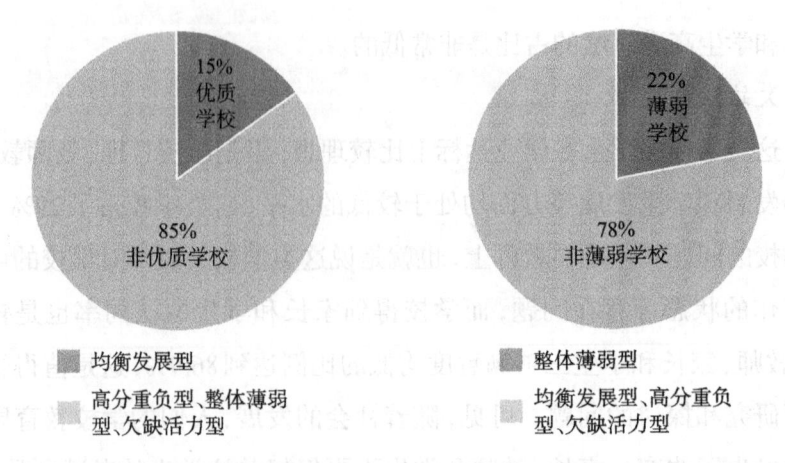

图1-2 优质学校和非优质学校分类　　图1-3 薄弱学校和非薄弱学校分类

学质量相对低下，无论是教师发展还是学生发展都处于相对较低的水平；学校各方面管理都存在着问题，学校社会声誉日渐式微，社会、家长对办学水平处于质疑和不满意状态，提高教学质量是学校最需要解决的问题。非薄弱初中指的是在经济和教育均发达的区域内，学校教学质量不低的初中，这些初中有可能是优质学校，也有可能不是优质即还存在着一些问题的学校，但教学质量并不是其发展最迫切需要解决的问题。

（四）学校发展路径

路径可以是指从起点到终点的全路线，它可以是非直线的任意形状，分为开放性和封闭性两种。路径的起点和终点都是阶段性的，起点即是前一阶段的终点，终点即是下一个阶段的起点。因此，路径的研究是择取事物发展过程中相邻两个目标间的发展路径作为研究对象的研究。

学校发展的路径是在学校发展过程中形成的，对它的研究则是对它的发展、演化过程的动态研究。但对路径的认识需要通过对路径生成过程的反思、概括、提炼和展望才能形成。

对学校高质量发展的路径和策略的研究，首先要找到研究学校发展的起点,研究起点承接的历史传承、遗留陋习和可能发展的潜力。即在具体把握和认清学校现实基础和基本现状的基础上,探寻学校以此为起点未来发展的可能性,以确定发展目标和基本任务,拟订实践策略。

就学校高质量发展的路径而言,在达成新的优质初中过程中总有难题需要破解并生成、积淀出发展成果与新态势。如果把这段发展的过程看似一个静态的图形,那么一般要经历初创期、发展期和新的优质,也就是学校自我认识和规划、提升和突破,达成和再出发的过程。

六、研 究 设 计

(一)研究对象

本研究以中国教育较发达的东部地区Z省H市X区的初中为研究对象,通过调取近三年教育局对各初中的年终考核结果、各初中2017—2020年发展规划总结、各初中2021—2024年发展规划及"美丽学校"申报材料、区域教育局近几年对各初中督查情况的汇报,选取了其中的5所作为不同起点高质量发展走向优质的案例学校。这5所学校无论在学校规模、所在地理位置,还是在发展起点、高质量发展的路径等方面都具有一定的典型性和代表性。

(二)研究内容

研究教育高质量发展和初中高质量发展走向优质的背景;了解国内外学界改进和发展学校、建设优质学校的路径和策略的研究;研究5所案例学校从不同的起点、样态走向优质的高质量发展的路径和策略;探寻初中高质量发展普适性的路径和策略以及高质量发展的原则。

(三)研究思路

本书从基础教育高质量发展是当前改革的大趋势、初中教育亟待走出"洼地"、走向优质和个人研究旨趣与职责使然来阐明本研究的缘起。通过对基础教育的高质量发展、薄弱学校的改进与提升、学校优质发展的路径与策略探索等文献综述，找到当下中外学界对学校高质量发展走向优质路径和策略研究的状况和趋势。厘清初中、优质均衡与高质量发展、学校发展路径等概念，通过对大量学校的调查研究，对众多师生、校长、家长的调查和访谈，剖析学校发展中存在的问题和障碍及其原因。然后陈述不同起点、不同发展样态的初中通过高质量发展走向优质的案例，探寻初中学校高质量发展走向优质的路径和策略。最后，总结和反思研究结果，为下一步研究提供新的思路和方向。

七、研 究 方 法

（一）文献研究法

对学校发展、学校高质量发展、薄弱学校改进、优质学校建设等相关国内外研究的理论和研究情况，笔者通过互联网信息平台搜集文献资料，并通过阅读、整理和分析，形成相关的文献综述，找到研究的突破点和创新点。

本研究调取了区域内初中上一期的学校发展规划总结以及"2021—2024"学校发展规划和"美丽学校"申报材料；查阅了5所案例学校档案、年鉴等资料，更全面了解这些学校的发展历程，为案例研究提供更翔实的资料。

2019年浙江省有1 744所初中，在校生163.64万人，教育厅根据《浙江省中小学教育质量综合评价》的要求对全省初中开展了质量监测，省教研室把730所初中学校作为样本进行分析，[①]笔者选取与本课题相关的一部分数据作为本课题的研究材料。

---

① 张丰.初中强校提质的路径.浙派名校长"初中提质强校"主题论坛，2020.9.19.

2021年杭州市教育科学研究院对杭州市"提质强校"的55所公办初中语文、数学、科学、英语和社会教师共236人,就学校发展和教学研究的相关问题做了问卷调查,笔者调取了相关的数据和材料进行分析。

(二)问卷与访谈调查

通过调查能得到更全面、客观而准确的资料。笔者通过问卷调查和访谈调查两种方法,收集研究所需要的素材。以5所学校的学生、家长和教师为样本,问卷调查面向的人群广。调查问题的针对性和有效性强,也多采用被调查者易接受的方式进行。对区域内的校长进行问卷调查,特别是对初中校长的调查进行深入分析,为案例学校选取提供参考。考虑到易操作性和私密性,既以纸质的,也以网络的不记名的形式进行调查。教师和学生层面,为防止他们心有所顾虑,采用网上问卷的形式进行。

访谈的对象是案例学校的相关人员,他们既有不同工作年限的工作1—3年的新教师、10年左右的发展期教师、15年以上的成熟期教师(其中有名师和普通层面的教师),还有中层管理人员、家长,政府、社会人员以及在职和离职的校长;对5所案例学校的校长进行了详细的多次访谈。最后对调查所获的数据和材料加以整理统计和分析,为本课题的研究提供一手素材。

(三)案例研究法

本课题对不同发展起点样态的5所学校进行了调查和案例研究,陈述这些发展起点不同的学校高质量发展采取的不同发展路径和策略的事实和经验。这些学校具有典型性也具有代表性,将使本课题的研究结果更具普适性和代表性。本研究从不同层面陈述案例学校发展的显性样态,再以区域内的相关评价体系来看学校的发展,使本课题的研究理论与实践、普遍与个体紧密结合。

第二章
案例学校发展现状的调查及分析

一、调查说明

（一）区域教育情况

案例学校所在的X区全域学区面积达1 420平方千米，至2018年1月全区有初中49所（公办学校33所，民办学校16所），在校生达38 997名，大体量的初中教育正面临优质资源短缺的发展难题。特别是随着城市化进程的加快，区域教育结构性失衡问题突出，初中教育城乡二元结构依然凸显。优质教育资源向城区"梯度化"集中、"结构性"增长、"井喷式"发展，城区对优秀教师和优质生源的虹吸效应给农村地区的学校带来巨大冲击，导致城乡之间和学校之间的差异系数不断拉大。五年前，区义务教育优质均衡资源配置七项指标初中段校际差异系数最高的一年达0.658（2018年），近几年通过努力，校际差异系数有所降低，实现家门口都有一所好初中，让孩子们在家门口"好上学，上好学"，是区域教育发展亟待实现的目标。

（二）样本的选取

基于研究的目的，笔者查阅了区域内公办初中2017—2020年、2021—2024年的发展规划及有关规划执行和总结的报告，对这些公办初中最近三年的年度考核结果进行分析，并根据区域教育局对各初中实地督查情况，选取了5所在2020年和2021年考核成绩和发展状况优良的初中作为案例学校。这些学校的选取是基于学校规模、地理位置、校史年限、校长年限、2017年时至今日的发展状况、发展路径等方面的情况与思考，既有代表性、创新性，也具有可借鉴的普适性。希望通过对不同发展起点、样态的学校问卷调查，为本研究提供更全面科学的依据。

（三）调查和统计方法

本研究以5所学校的学生、家长和教师为样本。在对学生和家长做调查时，为便于统计，每所学校每个年段家长和学生各随取200份做样本统计，每所学校共1 200份有效样本。做教师调查时，以全校教师为调查对象，对有效调查问卷做统计。对校长的调查以网络调查为主，本研究呈现的数据主要是对本区公办初中校长调查统计的结果。

问卷以纸质和网上相结合、不记名的方式进行。学生在校期间的调查，考虑学生接触电子设备的不方便，所以主要是以纸质的形式。教师、家长和校长的调查则用网络的形式进行，均采取不记名的方式，网络则以钉钉上的番茄问卷的程序进行。师生和家长的问卷主要在5所初中进行，校长的问卷则是在X区所有中小学中进行，也是以网络无记名的形式进行。共设计了家长卷、学生卷、教师卷和校长卷4份问卷，对象不同问卷的内容也不同，各有侧重。考虑答卷者的答卷意愿和答题时的便捷性，所有的问卷都以选择题的方式呈现，选项均在4个之内，而且每份问卷的问题尽量切中要点，每份问卷都控制在10道题目之内。

笔者对不同年级的学生和家长对学校评价的差异非常感兴趣，于是在学校层面统计的时候，还是以年级分组进行统计。同样的道理，在校长的层面，本研究也非常想了解任职现任学校的年份和校长对学校发展感知的区别，因此在统计的时候，以不同任期的方式进行统计。因有些数据涉及有关隐私等问题，虽然笔者做了调查和统计，但并没有在本研究中予以陈述和分析。

（四）调查的目的

本次调查旨在通过选取不同学校、不同层面的大批量人员的调查，得到比较全面而客观的数据以解决以下几个问题：一、不同发展样态下，学校高质量发展所需要的支持；二、不同发展样态下，学校高质量发展的关键因素；三、影响学校高质量发展的原因；四、不同发展起点初中高质量发展的路径和策略；五、从中找到一些师生成长和学校发展的新发现，使研究认知错误、漏洞和忽略得以修正和填充。

二、5所案例学校概况

选取的5所学校分别以A、B、C、D、E标名，表2-1的资料来源于档案、年鉴等材料。

表2-1　5所案例学校概况

学校名称	教师数	学生数	校长概况	学校概况	2017年12月—2022年1月学校发展状况
A	165	1 750	5年正校长任龄，一直在此校。	老校于1968年创建，2009年两校合并，是一所位于城乡接合部的学校。校内环境和设备建设优良，各功能室齐全，是某教育集团的成员学校。通过了省标准化学校验收。合并时硬件设施是区内最佳。	2017年度学校考核位于片4所初中最末、全区后1/4，教学质量位于区后1/3，教师发展良好。2021年度考核位于全区中等，教学质量居于区中等水平，4年中有一位教师被评为区名师，5位区教坛新秀。

（续表）

学校名称	教师数	学生数	校长概况	学校概况	2017年12月—2022年1月学校发展状况
B	89	864	2年正校长任龄,一直在此校。	创建于1958年的农村镇初中,1998年由所在镇的两所初中合并,曾是区内规模最大的初中。是某教育集团的成员学校,通过了省标准化学校验收。	2017年度考核片末位,区后1/3。2021年度考核片和区中等,教学质量有较大提升,特别是中考,成绩进步非常明显。但教师发展不明显。
C	169	2 300	5年正校长任龄,在此校2年。	城区优质的公办初中,创建于1995年。学校居于市中心,周边环境较好,学校设备齐全、现代化,是某教育集团的中心校。通过了省标准化学校验收。	4年间,学校考核一直居城区和全区初中前二,教学质量稳居全区前二。学校教师呈现老龄化,青年教师成长迅速,学生社团活动丰富。
D	94	646	26年正校长任龄,在此校8年。	城区公办初中,学校建立于2014年,是某教育集团的成员学校。功能室齐全、设施设备先进,通过了省标准化学校验收。	教师在区级以上业务能力比赛中获奖比例高,学生学业成绩优秀、特长表现突出,年度考核为区前列。
E	116	1 134	13年正校长任龄,一直在此校。	原本是区偏远的农村镇初中,教师享受农村偏远特殊补贴。2010年,由所在镇的两所初中合并。学校环境建设优美,设备齐全,信息装备先进,是某教育集团的成员学校。通过了省标准化学校验收。	4年间,学校在片考核中一直位列第一,特别是学生的学业成绩一直居区总排名前列、农村初中第一。年轻教师成长较快,近三年学校致力于课程和社团建设。

查阅档案资料发现，2017年12月至2022年1月间，A、B初中发展呈上升态势，特别是学校的教学质量有较大的进步，同时教师专业能力的发展也取得明显的提升。C、D、E初中克服发展中存在的障碍，始终保持优秀的发展态势。

三、问卷调查

(一) 学生问卷调查

本研究共设计了10道选择题，每题的选项不多于4个，除两道题是四选二之外，其余均为单选。笔者对每道题都做了统计，并选择了几个与本研究相关性大，而且不涉及学校隐私和伦理问题的题目在本文中分析。

1. 学校最吸引学生的地方

本研究对5所学校不同年级的学生的问卷进行了统计，发现年级之间和学校之间的差距并不明显，大体相同；也对收集到的3 000份问卷做了汇总统计，发现学校对于学生最具吸引力的地方是学校搞的各种活动，而同学间的关系也成为学校吸引学生的地方，校园的环境并不能成为学校吸引学生的地方。本题作为单选题，学生表示比较难选，各选项

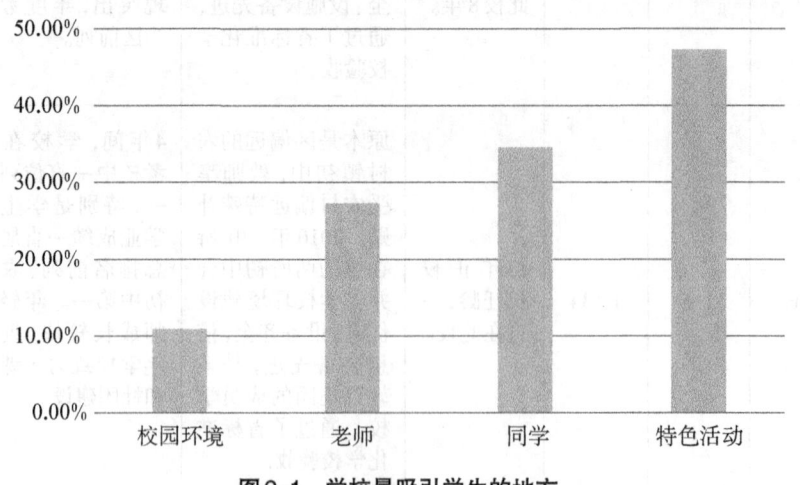

图2-1 学校最吸引学生的地方

间的差距还是比较大,活动占了近一半,而校园环境只占了约10%。

2. 学生认为好学校最重要的标志

这道题共4个选项,让学生选两个,在学生选择时特别强调,以有两个选项的问卷为有效卷,多选或少选的均为无效卷不做统计。统计发现不同学校间学生的差异性不大,不同年级间学生选取的选项也没有什么差距,就以全部有效问卷作为统计样本进行统计。学生在4个选项中对"活动丰富"和"上课有趣"选的最多,而"作业恰好"并不成为学生热衷的选项。

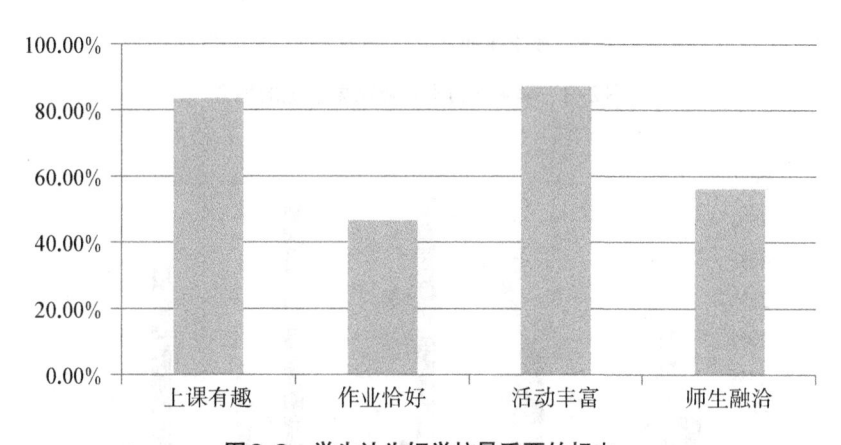

图2-2 学生认为好学校最重要的标志

3. 学生认为学校需要改进的两个地方

此题共4个选项,让学生四选二。由图2-3可以看出,除C学校之外,其他各学校课堂效率都是高选项。相对于A、B学校,其他三个学校对拓展课程的关注度比较高。此题表现出农村和城市、薄弱和非薄弱初中间学生选择的不同之处。城区的学生较农村的学生更关注课程,农村学生关注课堂和作业较城区的多。

4. 学生最想要学校给予的支持

这份调查显示了不同学校学生对所需支持的差异性。

统计和分析学生的调查问卷发现:不同发展状况学校的学生对学校发展的需求是不同的,薄弱学校学生对学校发展需求主要表现在学习成

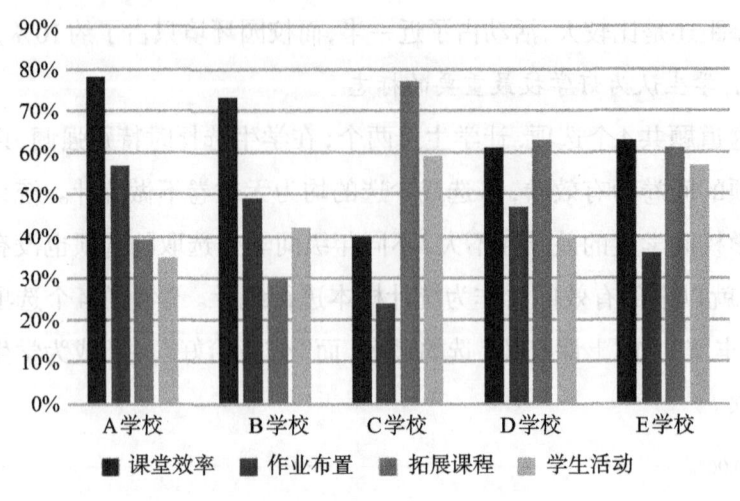

图2-3 学生认为学校最需要改进的地方

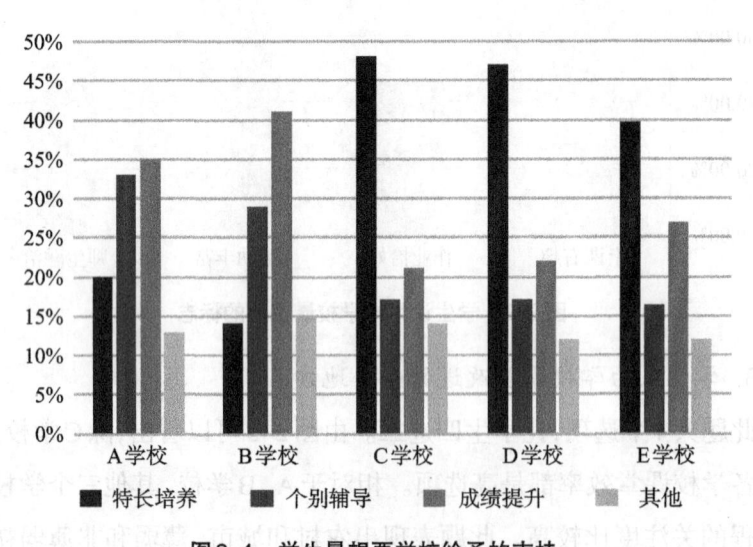

图2-4 学生最想要学校给予的支持

绩的提升、个别化辅导、课堂效率和作业的布置上;非薄弱学校学生对学校发展的需求主要体现在特长培养和拓展课程上;而所有学校的学生对学校活动的需求和上课的趣味性、课堂的效益的诉求是相同的。学校高质量发展最终体现在人的发展上,学生对学校发展的诉求是学校高质量发展路径和选择的重要依据和出发点。

（二）家长问卷调查

本卷共设置了10道选择题，每题的选项都在4个之内，除有一题是四选二之外，其余均为单选。

1. 在学校层面，影响孩子最重要的因素

这个问题共设置了4个选项，家长以选两个为有效，少选或多选均为无效。我们对5所学校2 831份问卷做了统计，发现5所学校的家长的选项没有大的差异，特别是在任课教师对孩子成绩影响这一项的选取上是相当一致。但是在选择孩子的同学对孩子取得的成绩影响时，城区的家长选的较农村家长多，也就是说城区的不少家长认为孩子的同伴对孩子的成绩是有影响的。

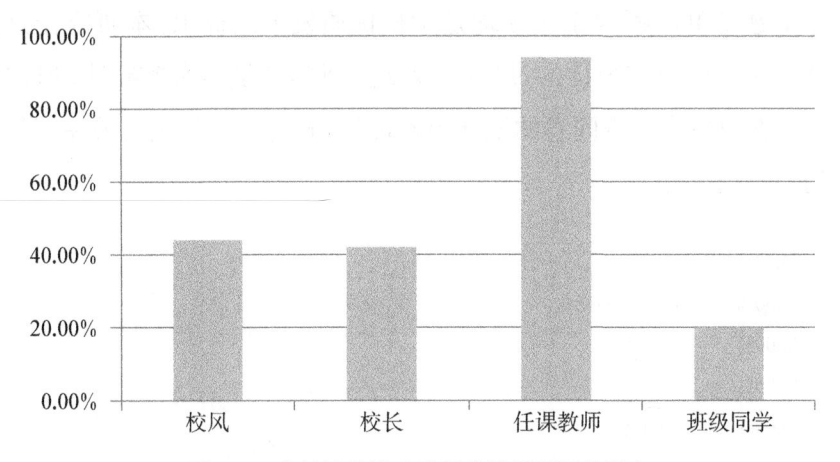

图2-5　家长认为影响孩子成绩最重要的因素

2. 家长对学校最关注的事

此题是从和学校发展相关的4个选项中选一个。在统计的过程中，发现了5所学校间的共性和差异性，特别是城乡学校间的差异。较城区学校，农村的家长更关注孩子的成绩，而城区学校的家长对于教师队伍的关注度竟高于考试的成绩，城区学校的家长对开展的学生活动和学校特色也有关注，而农村的家长就这两方面的关注非常少。

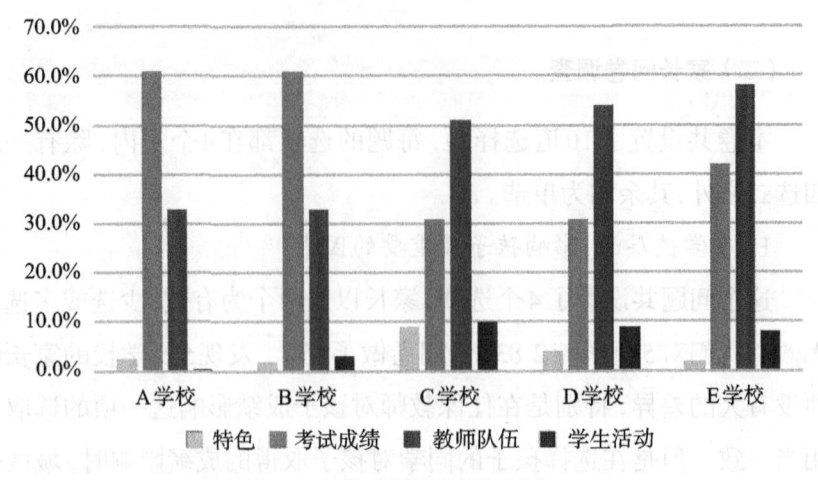

图2-6 家长对学校最关注的事

3. 家长认为学校高质量发展最重要的标志

本题是单选题,4个选项均是学校优质发展的标识,本研究让家长选择最重要的。在统计的过程中,发现5所学校虽然有差异性,但差距不大。在对所有调查问卷的统计中发现,家长对学校特色的关注度是不高的。

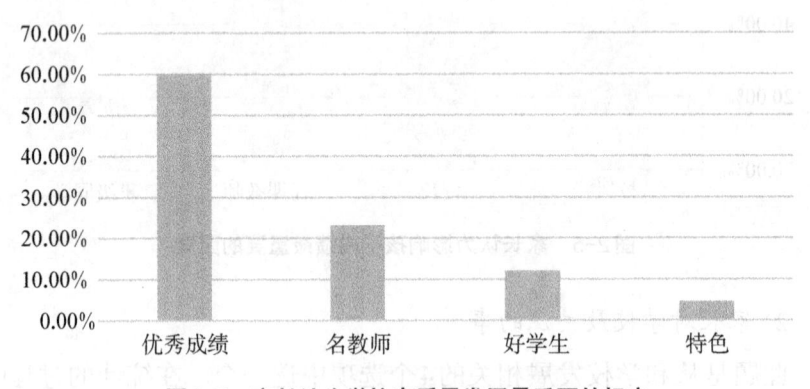

图2-7 家长认为学校高质量发展最重要的标志

4. 家长认为对孩子发展来说,最需要学校给予的支持

由家长问卷调查可以发现:教师教育教学水平、学校特色发展以及教学质量是所有学校家长最为关切的问题;薄弱学校家长对学校教学质

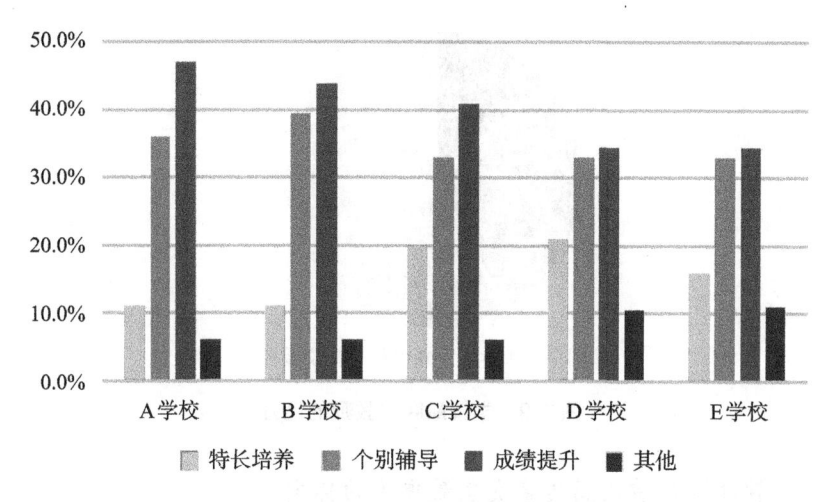

图2-8 家长认为对孩子发展来说,最需要学校给予的支持

量提升的迫切需求明显高于非薄弱学校,而非薄弱学校家长在学生个性和特长发展上的诉求则较薄弱学校要强烈;当前家长普遍对孩子个别化、精准化的辅导表现出了非常强烈的要求。家长对学校发展的要求,是学校高质量发展策略的参考,如薄弱学校教学质量的提升、非薄弱学校特色和个性的发展,对每一位学生进行差异化的精准教学等是学校高质量发展路径和策略探寻的依据。

(三)教师问卷调查

本研究对教师的问题调查共设置了10道选择题,全是单选题,在统计的过程中发现各校之间教师选择相似。

1. 学校最吸引教师的地方

学校吸引教师的地方也往往是教师愿意留在这所学校工作的原因,在调查中发现,4个选项差距并不悬殊,教师在"同事、学生、校长和环境"中选择最多的是同事,而教师认为自己最不为之吸引的是校园环境。这和学校吸引学生有相似之处,皆认为学校校园环境并不能成为吸引自己的最主要的方面。

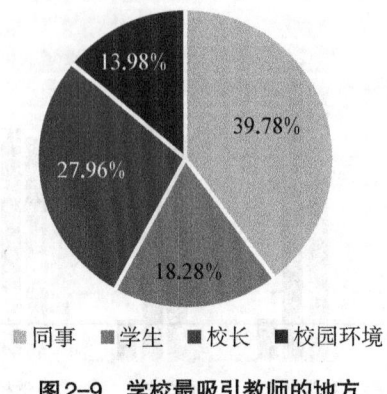

[图：饼图，13.98%、39.78%、18.28%、27.96%，图例：同事、学生、校长、校园环境]

图 2-9　学校最吸引教师的地方

2. 教师认为学校高质量发展最重要的标志

本题在设置选项时，主要考虑到的是学校优质发展最终体现在教育对象学生的身上，所以 4 个选项中有两个是和学生相关的，而另两个是关系到学生能否发展的。调查发现，无论是学生、家长还是教师，对特色的认同度都不高，选择的比率都是最低的。其他三个选项差距不大。但由于站立的角度不同，所以教师和家长的选项也会不同。

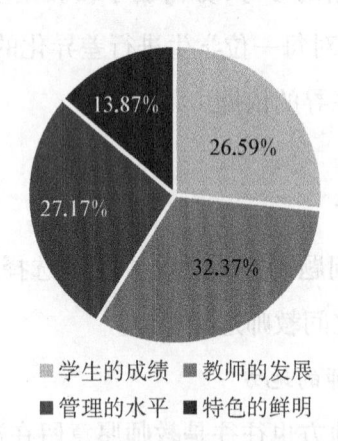

[图：饼图，13.87%、26.59%、32.37%、27.17%，图例：学生的成绩、教师的发展、管理的水平、特色的鲜明]

图 2-10　教师认为学校高质量发展最重要的标志

3. 教师认为学校高质量发展最关键的因素

教师在选择学校高质量发展最关键因素时，教师和学生因素的选项非常相近，而认为校长在学校高质量发展中起的关键作用却是占了 1/3，是4个选项中最多被选的,资金这个选项选的人最少,可见教师们普遍认为决定学校发展的关键是人的因素。

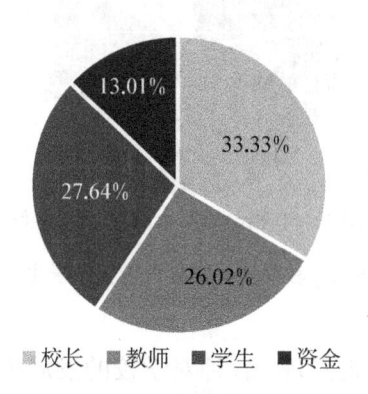

图2-11 教师认为学校高质量发展最关键的因素

4. 教师认为学校最需要给教师的支持

可以看出,教师最需要学校给予的既不是专业引领也不是沟通,而是尊重和待遇,而且尊重和待遇一个是精神层面的另一个则是物质层面的,教师在这两项的选择上基本相近。

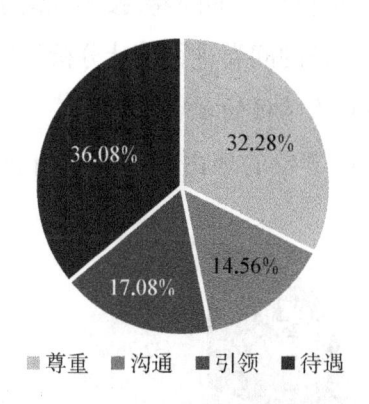

图2-12 教师认为学校最需要给教师的支持

5. 教师认为学校最需要给学生的支持

教师们认为学校最应给予学生的是能力的培养,而不是考试的成绩。特长发挥和健康指导也占了重要的位置。

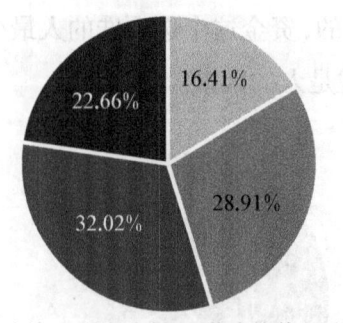

[饼图数据：16.41%、28.91%、32.02%、22.66%；图例：考试成绩、特长发挥、能力培养、健康指导]

图2-13　教师认为学校最需要给学生的支持

由教师的问卷调查发现：教师对学校的发展更多的关注在学校文化建设上，优秀的校长、较高的学校管理效益、良好的同事关系、互相尊重的关系等都被教师认为是学生发展、教师发展和学校发展的必需条件。优秀的学校文化，是学校高质量发展的基础和必要条件。

（四）校长问卷调查

本研究对收到的126位校长的问卷，按不同的学段进行了统计，本书着重对35位公办初中校长的问卷进行统计分析。

1. 校长认为教师喜欢学校的理由

校长认为教师喜欢学校的理由和学校吸引教师的因素，其实有异

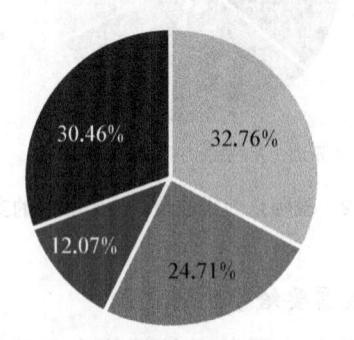

[饼图数据：32.76%、24.71%、12.07%、30.46%；图例：工作氛围、生源优秀、校园环境、专业提升]

图2-14　校长认为教师喜欢学校的原因

曲同工之处。统计发现校长和教师的选择答案是相似的,教师选的是同事,也就是和同事共事的环境氛围,校长选的是工作氛围;而校园环境的选择,校长、学生和教师的选择率都是最低的。

2. 校长认为学生喜欢学校的理由

校长认为学生喜欢学校的理由中,选择比率最高的是活动丰富,这一点和学生的选项也是一致的。教学质量和教师的敬业也成为校长选择比率不低的选项。在统计的过程中,也发现小学校长和初中校长是存在一定的差异的,在教学质量选项上,小学校长选的比率比较低。

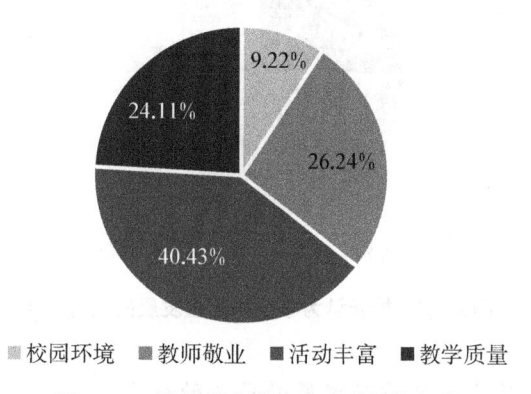

图 2-15 校长认为学生喜欢学校的理由

3. 校长认为学校高质量发展相关的因素

这道题是四选二,要求校长们在"师资、生源、管理和资金"4个选项

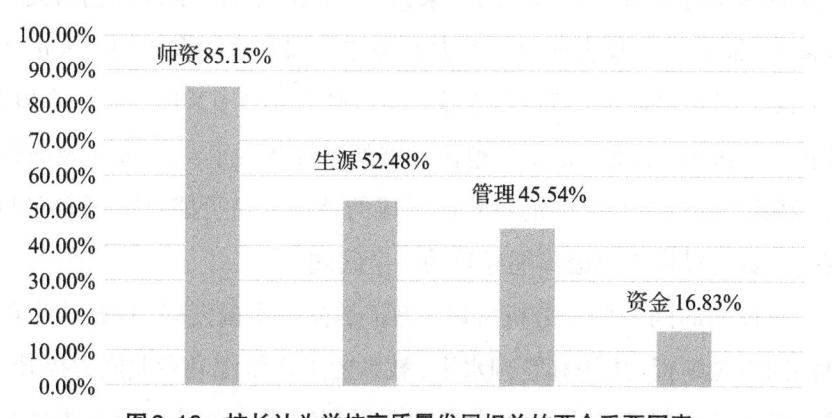

图 2-16 校长认为学校高质量发展相关的两个重要因素

中选择两个和学校发展相关的重要因素,选择师资的比重最高,其次是生源。

4. 校长认为学校高质量发展最关键的因素

在学校高质量发展的关键因素上,校长和教师的选项是不同的,根据统计也能看出个中差异:校长认为师资是最关键的因素,而教师们则认为是校长。

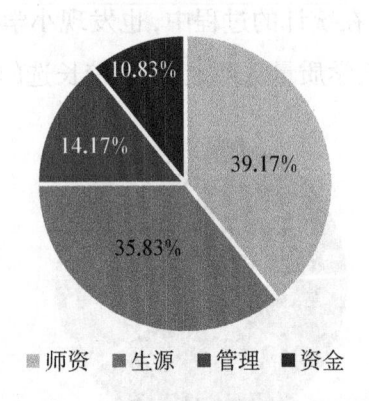

图2-17 校长认为学校高质量发展的关键因素

5. 校长认为学校高质量发展最重要的标志

这个题目的设计也是单选,主要是为了识别学校高质量发展的过程中校长们对哪些内容最为关注。统计后发现,校长们的选择和家长、学生及教师是有非常大的出入的。家长、学生和教师对学校特色的关注度非常低,而校长们却表现出了极大的关注。调查后问询了相关人员才得知:校长们对调查中"特色"的理解与教师及学生、家长不是一个概念,校长们所说的"特色"是学校整体发展的个性化,而学生、家长及教师们对"特色"的理解是学生的特长而形成的特色。这可能是本研究在调查问卷设置的过程中思虑不周导致的一个问题。

由校长的问卷调查分析可以发现:学校高质量发展,校长认为最关键的因素是师资、生源和管理水平,教师的工作氛围和专业能力提升、环境等学校文化样态以及学校丰富的课程和鲜明特色是学校高质量发展

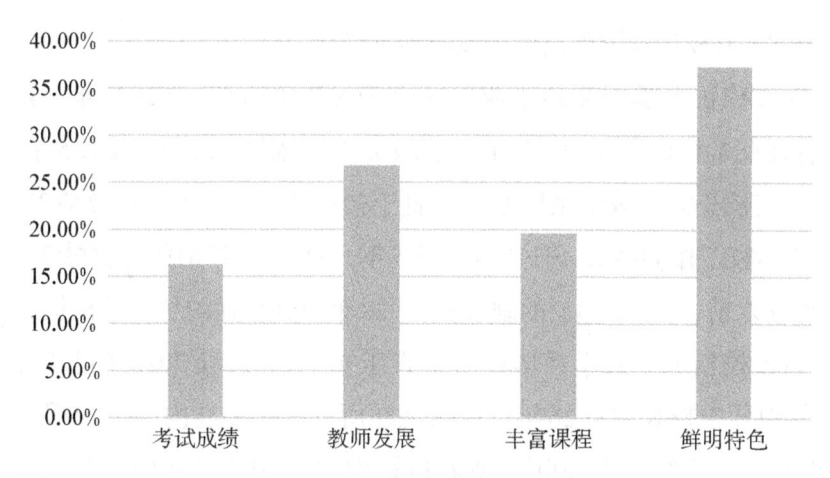

图2-18 校长认为学校高质量发展最重要的标志

的重要标志。学校高质量发展的策略和路径围绕建设理想学校样态谋定,也就是学校发展立足于学校现实、依托学校发展能力、围绕学校发展目标、走向学校理想样态的过程。校长对学校发展的认识是学校发展路径和策略选择的关键因素。

综上,学生、家长、教师和校长的问卷调查为学校高质量发展路径选择和策略谋定提供了重要依据。

四、访　谈

(一) 访谈说明

1. 访谈目的

本研究希望通过访谈更深入地了解学校的发展状况、了解学校发展的历史经过。通过和校长交流,更加清晰明了不同发展状态的学校发展过程中高质量发展的不同策略及其采取相关策略的原因,也能展望未来的学校教育需要怎样的路径和策略带领学校健康向上、高质量发展。

2. 访谈对象

对案例学校中的4位学校的校长进行访谈,即调查问卷中A、C、D、E

校的校长,B校校长因外出学习没有参加访谈。

A校校长大学中文系毕业后一直于A初中执教,至2022年教龄29年,曾任此学校班主任、教导副主任、教务主任、副校长,任正校长5年。

C校校长大学数学系毕业后一直于初中执教,至2022年教龄22年,有3所学校工作的经历。任正校长共5年,其中有3年调任某农村学校校长,调任之前,是目前学校的副校长,2020年回到现在的学校任校长。

D校校长大学数学系毕业后一直于初中执教,至2022年已工作35年,其中任正校长职务26年。包括现在所任的初中在内,他有5所学校执教和任校长的经历,其中2所农村初中、1所中心镇初中、2所城区学校,先后被评为区、市名校长等。

E校校长长期在农村的同一所初中执教,至2022年她在此校工作33年。2009年她接任同一镇两校合并初中的校长至今共13年,先后被评为区功勋校长,区、市优秀校长。

3. 访谈的范围

择取与本课题相关或者笔者认为值得在此记录的内容。

(二) 访谈实录及分析

1. 学校发展的情况如何?

A校校长:学校发展良好,近几年学校一直处于中间的水平,在教师渐趋老龄化、好学生流失的情况下,继续保持原来的发展势头,也是不容易。

C校校长:学校发展一直平稳,处于城区学校的前列。得益于优秀的学校文化、稳定优秀的师资力量、较好的生源,以及家长的重视和上级有关部门的支持。前两年由于民办学校的兴起,对学校有点不利。现在民办转公,教师的忧虑没有了,整个学校的气氛也不显得那么紧张了。往后几年,学校会朝着更优的方向发展。

D校校长:虽然学校在同类初中里不是最优秀最卓越的,但正朝着最初的规划最初的设想发展,甚至比我一开始设想的还要好。

E校校长:最近的十年,学校发展势头很好,中考成绩每年都有新的突破,学生在区内各种比赛中也都有较好的名次。但是接下来的两年会有点担心,学校的规模越来越小,务工人员子女越来越多,给学校管理和教学带来很大的冲突。

从以上谈话中可以发现:在学校发展的过程中,校长需精准地找到学校发展中已存在或将会面临的问题,并力求找到破解学校发展中碰到的问题的方法;校长对自己学校应该有一个准确的定位,也就是对自己学校的理想状态有一种设想,这就是学校的规划。学校发展到一定的阶段,一旦形成一种稳定的发展状态,这种稳定的发展状态会有一种惯性朝前,随着时间的推移如果不被再强化就会减弱或消失,以另一种新的发展状态去代替,这就要求学校发展中要注重学校的文化建设。

2. 上任此学校时,最想解决的是什么?又是如何解决的?

A校校长:一直在这所学校工作,学校情况也比较了解,最想解决的问题是提高教学质量和提升教师的专业能力。学校的教学质量一直是学校留住好生源的关键。作为城乡接合部的学校,学生往城区学校流失的可能性更大。学校每门学科都有优秀教师,关键是调动他们的积极性和发挥他们的传帮带作用。学校通过完善绩效考核制度、管理结构的调整和以课题带动教研等方式,来提升教师的专业能力和学校的教学质量。

C校校长:学校发展的交接棒传到手上时,刚好已走过了辉煌的25年,学校的发展得到了社会的极大认可。作为新任校长的压力很大也很焦虑,学校必须有新的突破,必须有新的东西去取代一些已经阻碍学校快速发展的东西。因此,当前最想解决的问题是找到突破口,给学校新的发展注入新的生机和力量。设想用现代信息技术给学校的发展来一次新的革命,对教师和学生的评价改革也会有新的尝试。

D校校长:最想解决的是教师的专业能力,特别是教师的课堂教学能力、作业的研制能力、试卷的编制能力以及成绩的分析能力。为此,学校加强教研组和备课组（年级学科组）的建设，教师在各层面的专业能力比赛中脱颖而出。

E校校长：上任伊始，思考的是怎样提高学生的成绩。没有好的教学成绩，家长不信任，老师不自信，直接影响学校的发展。提高教学质量，学校一方面要抓紧时间，充分利用好学生学习的时间；另一方面是提高效益，其重点是抓课堂和作业。此外，学校出台了一系列的考核奖励制度。在多项举措的推动下，这几年学校发展得越来越好了。

4位校长的叙述表明：学校处于不同的发展时期，促使学校发展的手段和方法是不同的，有着明显的阶段性特点。落实常规是学校发展的根本，新学校发展的起始抓手也好，薄弱学校或一般学校扭转形势也好，以抓常规入手是最简单而又最有效的办法。学校制度建设是促进学校平稳有序推进的保障，是学校文化建设重要的一部分。

3. 学校发展的过程中要处理好哪些关系？最难处理的是什么？

A校校长：学校发展过程中最需要处理好的是教师和管理人员、学校和家长的关系。教师对学校行政不是利益的对立关系，而是互相合作和服务的关系，学校的考核制度也不是学校压制教师的工具，是为了更公平地对待教师的工作。另外，如何让家校沟通好、在家长中树立正确的质量观和人才观也是学校的重点。

C校校长：学校既需要解决和社会相关部门的关系，还必须解决自身内部的许多关系。如学校和家长、管理层和教师、教师和学生、教师之间、学生之间等各方面的关系，还必须处理好制度与人文、课程和学生、素养和成绩、旧的教学方式和现代教学技术等各种关系。目前对于学校来说，最难处理的是教师教学旧方式和新技术之间的关系。教育和社会的发展，对人们获取信息的能力、对人们用现代技术改变课堂提升质量提出了新要求。陈旧的信息、简单的教学方式、没有活力的课堂，最终会被学生厌弃。教师要紧跟时代的变化，具有持续和终身学习的理念。

D校校长：学校发展的过程中要处理好许多关系，比如管理者和教师的关系、学校和家长的关系、学校和上级管理部门的关系、学校和相关部门的关系、师生关系，还有学生成绩和学生能力、学校课程和学校课时、减负和提质等多方面的关系，有宏观的也有微观的。而最难也最需要处理好的是管理者和教师间的关系。学校发展靠教师，只有学校的教育理念、学校的精神内核，得到教师的理解、认同和内化，学校的快速发展才有可能。

E校校长：学校的发展需要构建良好的外部环境，既要得到家长的支持也要得到社会和政府的支持，这些力量是学校发展的助推力。要处理好素质教育和应试教育的关系。学校要发展首先要解决人的问题，作为学校的管理者，应以现代的管理理念去管理教师和治理学校，学校才有可持续性发展的动力。

4. 你觉得目前学校发展最值得你称道的是什么？你认为这是如何发展形成的？

A校校长：学校最值得称道的是学校管理组织的架构和绩效考核制度。

C校校长：对学校目前最满意的是学校的文化建设。各管理岗位的人，都会把自己岗位职责内的事谋划好，做事有章程，从计划、方案的制订、决定、实施、总结每一步都能高效运作。学校老师扎实地做好常规工作，上好每一堂课、改好每一本作业、指导好每一位学生。学生每天按中学生一日常规要求完成每天自己的事情……这已经养成了一种稳定的习惯，老师们一代代传承，学生一届届影响，这就是学校的文化建设。

D校校长：目前对学校最满意的是教师的专业能力和学生的个性化发展。对教师专业能力的提升和持续发展培养是学校永不停止的工作。还有一个极满意的方面就是对学生的个性特长的培养。学校一方面通过社团活动对学生进行集中指导和训练；一方面发现专才，一对一地由学校层面给予辅导和支持。

E校校长：对学校目前最满意的是教学质量一直位于全区前列。学校给社会和家长、给当地老百姓交了一份满意的答卷。教师教学能力得到大幅提升,学生养成良好的学习习惯,学校有好的学风。

无论薄弱学校的改进还是优秀学校的再发展,都是从问题或重点工作的突破开始。这个突破口或能改变当前学校的困境,或能转变学校的发展模式,以此为生长点持续向上生长。4所学校不同的发展阶段,表现出学校发展的不同路径和不同模式。

五、思考与分析

通过查阅相关的文献材料,以及对学生、家长、教师和校长的问卷调查和学校相关人员的访谈,得到的数据和信息很重要,但并不能代表所有初中学校的情况。因调查问卷本身的局限性和各种问卷调查都是基于当事人的主观判断和选择,受其当时的心境和所处的环境等因素的影响,虽然调查的时候尽力确保数据的客观性,但也不能说得到的数据是绝对反映了被问卷人的真实想法。虽如此,由于选择的样本之大,可以说相对客观地反映了初中师生、家长和校长对初中发展的看法。笔者就此根据调查问卷和访谈的结果分析出影响初中高质量发展的关键因素以及影响初中高质量发展的原因。

(一)学校高质量发展的关键因素

1. 教育价值取向

学校价值取向是人们在学校教育上所体现出来的价值选择行动和价值选择结果,是统领整个学校教育活动的风向标,对学校教育的实际起着关键的作用。因此,教育价值取向的选择至关重要,它影响着学校的高质量发展。

当教育价值取向与教育高质量发展的目标相一致时,才能满足和促进人的全面发展,实现人的更加全面和充分自由发展的目标。在现实教育实践中，教育价值取向是社会、学校、家长和学生等教育价值主体出于自身的利益、目的和需要，基于对教育的认识，在若干价值关系中所表现出来的一种意向或倾向性的选择表现。学校的教育培养怎样的人，相对应影响的是学校怎样培养人的问题。学校的价值取向是学校教育理念的体现，它会反映在学校的管理方式、管理内容上，会体现在教学方式、课程建设上，也会体现在对教师工作和学生学习的评价上等学校的方方面面。在学校的教育实践中，学校的价值取向不仅会直接影响到教师的发展，也会影响到学生的持续性发展和终身发展的问题以及国家未来的发展。

以往，学校教育的价值取向一直以来，在理念和现实、口号和实践之间总存在着距离，社会、家长和教育相关部门唯分数、唯升学率作为评价学生、教师和学校的主要关键要素不足为怪。家长对初中孩子的希望就是考取高分，考上重点高中，将来读重点大学，以后找到一份体面的工作。这不仅是家长也是社会绝大多数人对学校教育、对教育价值的取向。人们忽略了教育的最初起源，忽略了教育的对象是人……在此种学校教育价值取向下，学校的管理以强控制性为主的方式出现；学生的负担繁重，以不停刷题获高分为学习过程中大多数时间的活动方式；课堂上沉湎于填鸭式教学以获得高分为目的，教师工作压力大，职业幸福感和获得感少……

随着社会的发展，社会对教育的要求、人们对教育的诉求，特别是未来对人才的要求，使人们对教育质量的概念理解发生了根本性的变化。在学校的教育实践中，学生的主体地位得以凸显，学生从被动、受控制走向自我需要的积极主动；教学目的从单纯的知识占有转变为知识的创新，在创新中激发潜能、探索未知，走向人的完善。

学校、教师、家长和学生有正确的教育价值取向是学校高质量发展的基石，是学校高质量发展的风向标。当然，社会、学校、家长和学生有正确的教育价值观需要来自国家行政层面和专业层面的干预和引领，更需要学校首先转变教育观念，树立正确的教育价值取向，去引领教师和学生,去影响家长和社会。

2. 学校文化样态

积极的学校文化能引领师生员工打造学校的共同愿景,定位学校的发展目标,谋划学校的发展策略,以学校的师生发展为目标,协调和处理好学校的各种关系,创造良好的发展微环境,能推动学校的高质量发展。

学校文化体现了群体的共同愿景、价值取向和行为规范等,决定着校内人们的思维方式和行动习惯,是一所学校高质量发展的动力。学校最根本的建设应该就是学校文化建设,它体现在学校的硬件建设的设想上,体现在学校制度制定和制度管理的执行上,还体现在学校核心层面的价值取向上。学校最深刻的变革应该就是学校文化的转型,文化的转型表现在师生生存方式的转变上,表现在教学方式的转变上,表现在学校师生评价方式的改变上,表现在学校课程的开发上。所有学校实践的现实都折射出学校文化的光芒。

学校文化的不同,也决定了学校的管理方式截然不同。有的学校学生的学业成绩不错,但教师的整体状态不佳,学生、家长、教师对学校的满意度比较低,学校管理、教师教学、教师发展、学生发展都处于一种低水平不理想的状态,这些往往是由于学校缺少优秀文化的浸润形成的。一所缺乏优秀文化建设的学校,不仅在理念上缺少引领和指导,还特别是在共同愿景的打造、学校规划的制订、学校管理制度的建设等方面都存在问题。这类学校常表现出教师专业的培养、教师队伍的建设、学校常规的执行、教学常规的落实等方面的问题,学校的发展存在较大的阻碍。研究发现,活力欠缺型学校和薄弱学校的学生和教师,往往缺乏对学校的认同,缺乏主动性,观念陈旧不求转变,教学行为简单不求改变提效,由此形成一种不良的循环。

因此,学校高质量发展常因为具有优秀的学校文化,使整个学校焕发活力和张力。优秀的学校文化是一所学校得以优质发展的源动力,学校文化的形成有个复杂的过程,而优秀学校文化的形成更是难能可贵,需要准确而坚定的理念和价值取向去引领和内化,需要美好的环境去感染,需要合理的制度去强化。

3. 改革创新意识

高质量发展强调贵在创新,要求强化教育观念创新、体制与机制创新、结构和功能创新、制度创新、内容和方法创新,通过改革和创新切实提升学校办学水平和教育教学质量。社会快速发展,人们的思想观念、思维方式和生存环境也发生急剧的变化,如果教育没有随之而革新,固守原来的教育思想、教育方式,必将被时代逼入窘迫的境地。

教育高质量发展是新发展理念引领下的满足高质量需求的发展,是全面优化教育结构、转变教育发展方式、转换增长动力的发展,从"规模扩张"转向"结构优化"、从"数量追赶"转向"质量追赶"、从"要素驱动"转向"创新驱动"的发展。教育高质量发展要求实施教育创新驱动发展战略,培育教育创新新动能,突出问题导向,补齐制度短板,提前布局、统筹兼顾、打破固化行为结构,消除僵化路径依赖,激发教育创新活力。学校发展中存在的一些问题妨碍了学生、教师和学校的发展,要积极寻找方法,大胆改革,创造性地破解这些教育中存在的难点和痛点,主动打破发展的屏障,主动寻找蓄力,破壳求得新生,以谋求学校高质量的发展。

创新改革在于切中时代的脉搏、精准发力,这需要打破现状的勇气和锐意进取的精神和决心,初中学校只有如此才能在优质发展的道路上行进。

4. 组织管理能力

管理出效益,管理出质量,企业如此,学校亦然。高效的学校管理不仅能保障学校正常运转,更是学校高质量发展的重要生产力。优秀的管理能提出明确的目标,对教学、课程等进行协调管理,能促进对教师和学生的激励,促进教师的专业发展,创造安全有序的环境,发展教职员工之间的合作,保证社会、家庭对学校的支持。

管理从规范化着手,进行精细化管理,并通过精细化的管理把规范化引向管理思想和管理方式。改进管理方式，提升管理能力与水平，完善管理机制，这是学校高质量发展的重要保障和基础。因此，探索和建立现代学校制度是学校内部管理体制改革的重要内容。

管理方式决定着管理效能，校长决定着学校的管理方式，是学校发展和改革的关键动力。校长积极推进学校的教育改革和创新，优化学校的内部管理，为师生发展创造良好的工作和学习氛围，促进教师和学生以最佳方式发展，推动学校高质量发展。一名好校长能带出一个好的管理团队，学校管理组织架构科学，部门和人员的设置合理，协调和团结各部门的管理人员，充分调动管理人员工作的积极性和创造性，带领学校管理人员将先进的管理理论和学校管理实际相结合，服务师生，服务学校的高质量发展。

管理制度是促进学校高质量发展的制度保障，高效能的管理总有科学合理的制度体系作保障。学校的管理制度主要是基于当前学校的发展状况，既确保学校工作的有序进行，又激励教师努力工作。学校制度制定的过程中，要充分听取教师的意见，通过自上而下、自下而上的过程，既保证制度的合理科学全面，也使制度制定的过程成为对教师职业道德规范教育的过程，成为对教师绩效管理的过程，发挥制度制定过程的导向和教育功能。

5. 教师业务能力

富兰认为，"教师是教育变革和社会进步的动力"，教师是学校发展的主要力量，教师的发展是学校高质量发展的重要力量。队伍建设是学校高质量发展的人力保障，教师的业务能力水平决定着学校的教育质量能达成的高度，教师整体素质水平是影响学校高质量发展的关键，是发展的第一要义。

学校教师队伍建设是一项长期的重要工程，需要学校建构教师发展建设体系，促进其健康高效地发展。科学完善的教师培养方案和队伍建设体系，不仅能使学校教师培养更全面、更完整、更具承接性、更富操作性和后续的总结改进,还能使教师更加明确自身发展的目标和发展的举措与学校培养措施的一致性和协同性,给学校发展提供最强大的源动力,推动学校高质量发展。

(二)影响初中高质量发展的原因分析

1. 评价体系不完善

对学校的评价是为了实现学校发展增值,促进学校的进步,它既对学校的发展起着诊断的作用,也对学校的发展起着重要的导向作用。但是当前许多学校评价是为了辨别、区分、归类和贴标签,缺失了学校评价是为了促进学生发展的最终目的。[①]缺少和淡化了过程性评价,没有关注到学校发展过程中许多有价值的信息,不能为学校的改进、发展和决策提供有力的帮助。往往以一套指标去评价一所学校的发展,存在搞一刀切的情况。没有综合学校的基础、所在地区资源、所有的生源、所有的师资、发展方向等情况进行起点评价。在学校个性化发展明显的状况下,缺少了推进综合性的评价,缺少了将多样化的评价形式引入到对学校的评价活动中来。一套指标体系的量化考评,不足以衡量一所学校师生发展的真实样态,但许多教育主管部门却存在以简单量化考核评价学校的现象。特别是涉及学校评优评先的年度考核,有些学校的工作就是围绕评价标准来,有考核的、分数比重大的着重做,没有放在考核中的项目虽然对学生发展有利但学校忽略不做,功利性明显,影响了学校的整体规划和自主发展。

在当下学校评价中,不少评价自上而下还带着强烈的行政管理倾向,使学校评价的主、客体呈现相对固定的状态,评价主体常还是教育行政主管部门。这种学校评价模式既忽视了学校在评价中的主体地位,又伤害了学校在评价中的积极性和主动性。很多学校对待上级的评价花

---

① 季洪旭.教育评价为学校发展赋能[J].上海教育,2021(3):34.

大量时间在文字上的应付和材料档案的准备上，这在一定程度上甚至影响了学校正常的教育教学工作。处于被动地位的学校在面对评价时很容易产生消极抵触情绪，然而为了获得上级和政府部门的认可不得不应对，因此在检查验收的过程中往往存在做表面文章、说假大空套话的情况，使学校评价工作失去了真正的意义。

通过分析评价结果将学校分层并给予激励机制或者进行帮扶和干预的措施是奖励和问责，具有高利害性；[①]将评价结果的解释、分析和学校的改善相结合是改进，具有低利害性。学校评价目的不同，对结果的使用就有偏重。对于具有明显的高利害性的倾向的评价，不少学校就往往会带有明显功利性的表现，围绕着评价指标运作；对于明显具有低利害性的倾向的评价，有些学校虽然没有表现出消极和抵触，但也存在着应付的情况。学校评价结果的使用中，高利害性和低利害性的失当都导致评价意义的丧失，对学校高质量发展起着负面的作用。

2. 发展内生动力不足

学校的发展既有外力的推动作用，更需要自身内部力量的突破。学校组织作为社会组织的一种类型，具有一定的层级性。不少学校的组织如金字塔式的组织结构和等级、严格的规章制度、自上而下的命令链和刻板的标准等，甚至出现行政化趋向。行政化更多时候是抑制教师的创新热情，学校管理过程中强调服从、定量化和程序化，教师成为被动执行者。有些学校在工作运行中，完全靠自上而下行政式的方式来落实教育教学工作、检查和考核等事务，完全遵照规章制度、统一的标准严格地规范教师的教育教学行为。教师处于被监督、被管理、被评价的地位，教育教学工作被动，工作只按照上级的要求完成量不求质，"按照要求做"，只求完成，不求创新。由于权力过分集中于学校管理人员手中，许多决策、规章制度等的制定完全是自上而下的模式，不听取一线教师的意见，因

---

① 王薇.奖励·问责·改进：让学校评价促进学校发展[J].中小学管理，2017(3)：51-53.

此,学校活动、规章制度、考核方案等往往脱离学校的实际,显得不科学不合理,由于教师不了解、不支持,最后得不到有效落实。特别是刚性和强制性的学校评价标准和体系,使教师迫于情面和惩罚的压力担负学校的各项任务,学校管理者与教师之间形成对立,形成学校紧张不和谐的工作氛围。这种情境下,教师们逐渐形成一种"我被迫要求做",而不是"我想做,我要做"的行动思维模式,学校推行的教学改革自然很难得到教师的支持。

教师的教育观念、教学思想的与时俱进不仅是学校发展的核心动力,也是提升教师的专业化发展的内驱力。推动教师发展的主要力量是教师源自内心的需求,如果没有激发教师发展的内生力,队伍建设的所有努力往往是事倍功半。如果教师对职业的认同和追求低,即使教师有精湛的教学水平,如果不热爱教学,不喜欢课堂,不关心学生,更不会主动去应对所面对的教育变化,不会主动去研究、思考和破解教学中存在的问题,所有的工作往往只停留于表面和形式,对于学生和学校的发展无法起到积极的作用。

3. 变革意识不强烈

教育高质量发展需发挥现有教育资源的要素潜力,实现效益最大化,收益最优化。学校要主动变革,促进发展动能、发展制度、发展方式、发展过程的最优化。

教学方式的变革是提升教学质量的关键,更是学校高质量发展的手段和方法。课程改革了这么多年,从应试教育到素质教育再到核心素养,学生的学习负担、心理压力依然如此沉重,这既是社会性的问题,也是教育的问题。要改变种种众所不欲见的教育不良现象,既是社会的责任,也有相关部门的责任。但无论从哪个角度看,学校和教师永远肩负着这个使命。课堂是师生得以生命交融的主场所,教育的改革当从学校从课堂出发,而课堂的改革则以教与学的方式转变开始。改进教学模式、改变教学方式是提高课堂效率的一种途径,而转变学生的学习方式是教学改革质的改变。

在调查中发现，一些学校的教师教学方式陈旧，课堂效率低下，特别是部分教师教学观念陈旧，故步自封，教学行为的指导性降低，面对新的学情与教育诉求，难以主动地进行教学改革，对现有的教学造成了困难。有的教师的教学观和学生的发展观跟不上时代发展的潮流，学生思维的条理性、逻辑性和推理能力发展有所欠缺，在提高学生参与教学活动的积极性以及在学习中取得成功体验和学习的自信都非常不够。还有的教师对学生了解甚少，对课堂预设的多，而对学生动态的驾驭少。由于缺乏有效的学情分析，制定课堂教学目标缺少明确性和具体性，授课目标常不能和学生的实际需求相契合，课堂上的教学内容不能被学生有效地接受和吸收。教师在讲台前讲得起劲，学生在下面却不得要领……这都是教育高质量发展的屏障和绊脚石。

调研发现，一些初中教学方式陈旧，在教学内容偏满、教学节奏偏快、机械操练过多的课堂中，学生没有充分探究的机会和思考过程，课后时间更被"死记硬背""机械重复"所填充。那种教师为一堂课准备几十张PPT和数量过多练习题的情况并不少见。学生的学习目标单一，一切为了中考范围内的知识反复学习，应考型的书面知识反复练习，而培育学生素养和能力的实践和应用等学习内容逐步边缘化，这一现象历经多次教育改革依然难以改变。在学习过程中体现为：学生书面练习增加，生活情境活动学习减少；学生刷题行为增加，实践操作学习减少。普遍性的升学焦虑挤占了学生在课堂上的思考时空。

传统教学的关注点在"知识"，教学的目标是"把知识记住"。调研数据显示，超过半数的课堂活动中，教师关注的"答案"大多集中在"听讲后回答""解题、练习""根据要求阅读后汇报"等围绕知识点掌握的活动，教师有意无意地忽略了课堂上的思维指导。也有部分教师在课堂上希望关注学生的思维发展，但低水平的教学实践导致思维能力的矮化。课堂教学活动避开逻辑、辩证、创造等高阶思维，大多停留在"理解""识记""模仿"和"应用"的层次上;抛开深刻性、敏捷性、灵活性、批判性和独创性,以拔高有难度的练习正确率替换思维品质的评估。

不少教师上课基本无视学生差异,用同一教案进行教学,把预设的内容"溜"完大吉;有的教师布置的作业对所有学生也是完全相同,对"吃不饱"和"吃不了"的现象视而不见。种种教学方式显然无法实现因材施教,无法实现教学质量的优化。"针对初中学习中部分学科分化相对严重的现象",浙江省教育厅要求各地"因材施教,探索由学生自主选择的分层走班教学"。省厅文件要求学校分层走班教学,杜绝形成变相快慢班。可实际分层基本按学科成绩"一刀切"来分,并没有考虑学生的态度、学力等因素,必然出现分层中还有较大的学科层次差异。一旦形成层级,基本面基本不动,学生一旦被分到某一层后,就很难流动,因此有可能会打击学生的学习积极性。学生隶属不同班级,课余教师无法进行不同层次集中辅导答疑,学生与教师的沟通成本高,导致师生交流少,彼此缺乏了解。因为学生散在各个班级里,担任分层教学的老师对于学生的个别辅导时间很少,也为因材施教的精准教学留下了隐患。

4. 教学管理不精细

教育教学常规是教师发展之基,是学校取得优秀教学质量之本,然而如果管理失度,就会变成影响教师发展和教学质量的枷锁。

区域层面对教师的教学常规基本上都会提供一份蓝本,供学校参考执行。有的学校则视为对教师严管的重要依据,甚至加码附加,无视教师间的差别,简单粗暴执行。其实新老教师间、优秀教师和普通教师间、优秀教师不同学科间等在教学常规的执行上是可以有不同要求的。但由于一刀切的执行、检查、量化、考核,不仅对教师的业务能力提升没有作用,还容易挫伤教师的积极性,许多教师只求量的完成,敷衍了事。而学校在检查考核的过程中也很难进行质性的评价,最后大家就是走过场,效率极其低下。这种低效的学校管理,往往会使学校朝着刻板固化的方向发展。

有的学校则认为只要教师教的学生出成绩,教学常规可以不计。然而学生成绩的取得可以有很多种办法,高效课堂、高效作业、有效辅导获得的优秀教学质量,往往是建立在教师更多的有形无形的扎实的教学常规之上;而那种靠学生简单重复地大量刷题、练习,占用睡眠和锻炼时间获得考试成绩的教师往往在教学常规上疏于钻研,无论是课堂效率、作业选择还是精批精讲等方面做得都是不到位的。更甚至于一些年轻的新教师也不注重常规的学习和钻研,最后连一个好的教案和反思都写不出来,往往会导致学校教师专业发展不扎实,学校发展缺乏一种厚实的质感。

还有就是,教研活动没有真正为突破教学的难点服务。对教学中碰到的问题虽教研有所涉及,却只是触碰皮毛走过场,缺乏深度研究,往往成为老生常谈。教研活动内容主要指向教材研究,而缺少对学生的研究,学生学习的动机、学习的路径、学习的情绪,是有效教学的关键问题,但都成为教研活动的盲区。学校教研活动应是一种面向全体教师的教研,教研的目的是提升学校学科内全体教师的教学水准。如果教研主体集中于某一类教师群体,惯常用某一种方式,则会打消教师参与教研活动的主动性,让教师成为教研活动的旁观者。而大部分教研活动依然停留在骨干教师上课,专家评课的千篇一律的模式上。教研活动形式的不变与当下互联网技术发达、信息技术水平大幅提高的时代是相悖的。可以通过评价来促进教研活动的改进,但是在实践中存在着教研评价时间跨度过长的问题,往往是一个学期的教研活动结束后,才有一次总结性评价,没有了时效,评价本身所具有的改进功能就无法发挥最佳的积极作用。此外,还存在着教研活动评价针对性不强,教研的评价方式常常是对一个学期教研活动的整体评价,缺少对某一次教研活动效度的深度探讨。而且学校教研活动的评价总是停留在学校行政层面的量化考核上,而作为教研活动的主体——教师,却没有使用教研活动的评价权。

5. 教师研训不高效

一般来说,教师的专业素养主要是指教师的专业知识、专业能力和专业情怀。专业情怀是指教师需要具备专业品德、专业情感和专业态度，专业情怀能激发或引领教师专业成长的信仰。专业情怀是教师专业发展的内驱力和动力保障。只有教师对自己职业有认同与接纳，才会使教师发自内心地喜爱与坚守这份职业。当前有些学校不重视教师精神家园的建设，使有些教师缺乏爱师乐教的信念，对自己的职业缺乏爱的投入，缺少情怀。

教师的教育观念、教学思想与时俱进，不仅是学校发展的核心动力，也是提升教师专业化发展的内驱力。要做到与时俱进是一个需要不断学习的过程。有些学校不重视对教师教学理念的引领，教师的思想观念还停留在自己以往的教学经验上，教学方式和手段还在用以前的方法，新时代教师课堂的角色定位、新课程背景下师生关系、教学的主要目标和任务、学生学习方式等都停留在原来的认知里，跟时代脱节，跟课程的要求脱节，跟学生的需求脱节。

由于一味追求分数和升学率，教师工作压力大，疲于应付日常的教学管理工作，缺乏对教育教学的研究，专业能力的提升和教学水平的提高受到限制，无法满足教育对象和教学内容的要求。在所在区基础教育的体系中，名校长和名师主要集中在高中和小学，区教育高层次人才（第二、三层次）共计163人，而初中23人仅占比为13%。笔者还对本市2020年市级立项小课题、课程建设、综合类和规划科研成果等做了统计（见表2-2），初中学校获奖比例偏低。一边是压力颇大的教育教学压力，一边是专业能力的提升，这两者之间并非矛盾相对，如何让初中教师有足够的时间通过提升教学科研能力来提高初中教学质量是摆在教育者面前需思考的问题。

表2-2　2020年市级立项小课题、课程建设、综合类和规划科研成果等统计

市立项课题获奖	学科小课题	课程建设	综合类	科研成果
幼、小、初（篇）	408	47	125	75
初中（篇）	90	8	15	14
初中获奖率	22.06%	17.02%	12%	18.67%

不同年龄和教龄的教师，所需的业务能力研训是有差异的。比如，三年内的新教师，刚从师范院校毕业，教育教学理论扎实，理念先进，在大学里接受了良好的学科专业知识和学科教育的训练，在教育教学方面有深厚的理论基础。他们对教育有热忱，踏实肯干，充满干劲，给学校注入了新的活力，能推动学校的发展，但他们缺乏教学经验，教学实践活动太少，他们往往对教材的解读不够深入，学情掌握不准，教学目标不能准确制定。如果缺少有经验的优秀教师传帮带，会使新教师有心无力产生挫败感，对他们的专业成长和职业的认同都会产生负面影响。对于新教师的成长，大多学校都配有帮带师傅，但存在效果不佳不理想的情况。这一方面是由于部分帮带的师傅本身专业素养不高，无法带新教师上一个高的平台；另一方面，有的师徒结对只流于形式，没有形成师徒结对工作机制，优秀老教师对新教师的指导没有实质性的开展，新教师也没有主动寻找帮助和成长。

学校是教学研究的基地，教师是教学研究的主体，校本教研是根据学校的实际，围绕学校教育教学中存在的问题开展的研究，是最接地气的教学研讨。以团队的智慧和力量，不仅能解决教学中碰到的问题，还能促使教师去研究和反思自己的教学行为，汲取其他教师好的教学方式，改掉自己教学中存在的不足，是有效提升教师专业能力和专业知识的平台，也是提升学校教学质量的手段。但是，有的学校不重视校本培训，不重视教研组和备课组的建设，教研组的活动流于形式，没有制度和机制的保障，校本教研在教师的专业发展上没有起到重要作用。

学校教师业务能力的提升不仅来自个体主动的学习和校本培训，还需要走出去和引进来。有的学校对教师的业务能力培训只限于校内，教师接受到的教学理念和信息比较封闭。有的学校虽然也与外面的学校结成共同体，但共同体缺少管理，活动零散不成系统，对教师的影响和促进作用不大。有的学校没有积极开拓教师培训的渠道，让教师多走出去学习；也没有让名师、专家和教授到学校指导。学校缺少教师学习和研训机制，没有在学校开展二次培训等活动，教师的研训不深入，效果不明显。

第三章
走向优质的"后发赶超"之路
——以薄弱初中A、B校为例

2017年A初中和B初中是本研究5所案例学校中的薄弱校,经过4年的发展,学校克服了困难,脱离了薄弱的困境,高质量发展走向了优质。学校的教学质量有了大幅的提升,教师和学生对学校的认同增强,社会的满意度和赞誉度获得了显著的提高。

一、A初中概况

A初中于2009年8月实行"二中合一"后投入使用。学校按可容纳48个班级2 400名学生的规模建造,占地133亩,建有1幢行政办公楼、3幢教学楼、1幢科技实验楼、3幢师生公寓楼、1幢700多座的电子报告厅、1幢两层餐厅楼、1幢体艺楼、1幢图书馆等共12个建筑单体计5万平方米,各类实验室及专用教室一应俱全,所有教室均配备现代化的多媒体教学设备,建有高标准的心理健康辅导站、生命教育体验馆、消防安全教育体验馆及师生阅读专区。学校建有中心花园、劳动实践园、400米的标准化塑胶跑道、篮球和排球场以及绿茵足球场等,是一座硬件建设高标准现代化的学校。

2017年9月学校有教学班42个,学生1 475人。有148名在编在职教师,大学本科及以上学历教师占95%,中学高级教师26名。市级教坛新秀、优秀教师、区级教坛新秀、优秀教师、优秀班主任等教学骨干教师39名。

2017年以《区义务教育段学校发展性评价指标体系》对学校进行量化评价：A1学校办学基础性指标，下设共4项B级指标分别是行政管理(32分)、德育管理(28分)、教学管理(24分)和后勤管理(16分)共100分，B级又下设25项C级类指标，每项4分。A2学校办学发展性目标中有3个A级指标，分别是办学思想与实践(10分)、目标实践水平(30分)和自主发展水平(50分)，另还有社会评价10分，共100分。之下又设3个C级指标和3个B级指标：3个C级指标分别是办学思想确立(5分)、师生实践程度(5分)、规划目标达成度(30分)，其中目标达成度按6个项目目标即学校管理、教师管理、德育管理、教学管理、教科研管理、后勤管理的年度和综合达成程度分别评价；3个B级指标是教师自主发展(20分)、学生自主发展(20分)和学校自主发展(10分)。

A学校A1办学基础性指标自评分94分，督评94分。主要扣分点：教工的满意率没有达到90%以上扣2分，名优和青年教师的培养及教师评价机制存在不足扣2分，学校教师教学常规管理有差距扣2分。

A学校A2办学发展性目标自评分75分，督评73分。主要扣分点：目标达成度的6个项目是根据近三年区教育局对学校年度考核的成绩赋分，学校在教师管理、德育管理、教学管理、教科研管理等四个项目中存在问题扣10分；学生自主发展存在问题扣8分，其中学生综合素质的优秀率和合格率不达标扣1分，学生区级学科成绩抽测水平不达标扣5分，以及学生的学科竞赛和体艺竞赛的参与率及获奖率水平不达标扣2分；教师自主发展扣7分，其中通过督导组看课、听课，评价教师的课堂教学水平扣2分，教师获学区级以上科研成果与论文水平扣3分，教师参加各类业务竞赛人数增多且档次提升扣2分；另还有社会评价扣2分，主要是师生、家长、社区群众及政府部门对学校的评价低于全区平均水平10个百分点。

2017年6月区督导室到A学校进行为期一周的调研，调研结果结合

学校的自查报告,学校存在着下列问题:

1. 学校文化积淀不够丰厚,尚未形成明显的办学特色和品牌。校风、教风、学风有待加强,存在人浮于事的消极怠岗现象,管理模式、教师评价机制、班主任队伍建设等缺乏系统性,学校综合实力有待进一步提升。

2. 教师的科研能力有待进一步提升,教科研的功利性目的需要扭转,参与教科研的积极性有待提高,以研促教的氛围有待进一步加强。

3. 教师个人专长不突出:"模仿型""教学型"教师多;"科研型""专家型"教师少;教师业务能力参差不齐,差距较大,学校虽有名优教师和骨干教师,但学科整体队伍不强,为学校的教育教学水平的提升带来一定的难度。

4. 由于编制问题,学校结构性缺编现象突出,尤其是数学、社会、信息技术等学科。学校教师年龄结构偏老,平均年龄47岁多。

5. 教师专业成长发展瓶颈没有有效突破,许多教师没有制订个人职业生涯规划,缺乏树立终身学习的理念,学校在保障教师的专业化成长中建立相应的体制和机制有待进一步完善。教师缺乏自觉摒弃传统的教育观念,缺乏对自己的职业有新的认识,缺乏对自身的角色重新定位。

6. 学校处于城乡接合部、主城区东大门,随着街道城市化的推进,区域融入主城区的进程进一步加快,周边房产林立,高新企业加速入驻,购房入学和外来务工人员子女急剧增加;同时,本区域户籍学生由于离城区近,优质生源外流现象比较严重。

7. 连续7年学校的教学质量在学区内位于最后,全区后1/4的水平,教师和家长对学校发展的信心非常不够。加之学校初建时是全区投资最多、设施最好的初中,当地政府和老百姓对学校的期望值非常高,而学校发展的现实和期望值之间存在一定的差距,社会声誉不理想。

2017年8月始的5年间,学校谋划在生源质量下降等的情况下努力提升学科教学质量,提增师生的信心,提高社会声誉。2022年1月学校有教学班 41 个，学生 1 700 多人，有 139 名在编在职教师，大学本科及以上学历教师占 100%，45 岁以下教师占学校教师的 73.38%。中学高级教师 44 名，杭州市级教坛新秀、优秀教师、优秀班主任 7 名，萧山区名教师 3 名，区级教坛新秀、优秀教师、优秀班主任等教学骨干教师 59 名。预计到 2024 年，学校规模将扩大到 60 个班级 2 400 名学生，预计随迁子女学生占比将达到 40% 以上，学校目前正立项二期扩建工程，2019 年学校配有云课堂直播系统及"智慧大脑"学校教学和管理系统。

2022 年 1 月区督导室对 A 学校进行了为期一周的调研，结合学校的自查报告认为：

1. 学校已建设成了"人文和谐大气，管理高效精致，环境优美整洁，质量全面优质，生活幸福生动"的可持续发展的现代化美丽学校。

2. 截至 2022 年 1 月，学校已制定了包括教师绩效考核在内的 20 多个制度，基本形成了一个稳定、规范与高效的制度管理体系，以科学、合理的制度加快学校全方位工作的规范高效，基本形成了精细化的管理格局。

3. 学校教师队伍逐渐呈现年轻化趋势，形成了一套培养和评价机制，成效显著。师资队伍整体面貌积极向上，有较强的教学能力，较浓的教研意识，青年教师中出现了一批业务骨干。

4. 学校通过紧扣"实施教学常规管理改进"这一主题，以提高教学质量为中心，做强两个"质量"，即提高作业质量和提高课堂教学质量，取得了非常明显的进步。2022 年 1 月统计近两年各年级各学科期末考均达到或超过了区模考平均分，在学区内属中等偏上水平，2021 年的中考成绩创历史新高。

5. 随着学校教学质量的提升，师生对学校的认同感和信心增强，社会、家长对学校的评价有较大的提高。

6. 2017 年 9 月至 2022 年 2 月期间，学校成功创建了浙江省义务教育标准化学校、区综合实力一级学校、区教育系统先进集体、区美丽学校等，2022年1月正在申报"省现代化发展学校"。

2022年1月本研究再以《区义务教育段学校发展性评价指标体系》对学校进行量化评价，A1学校办学基础性指标，下设4项B级指标下的25项C级类指标共100分，自评分100分、督评100分；A2学校办学发展性目标中3个A级指标；A2下设3个C级指标和3个B级指标共100分，按照各指标的具体细则学校自评99分、督评99分，其中一项教师科研水平扣1分，在附加分的社会评价栏目，学校满意度达到了90%以上获满分10分。

二、驱动发展内生力——A初中高质量发展的实践

A初中根据发展中存在的问题，通过学校文化重建、教师工作作风和业务能力建设等提升学校发展内生力，走"后发赶超"之路。

（一）重建学校文化：以仪式为载体

A初中由于连年质量下降，师生对学校的信心和认同低，社会和家长对学校的满意度不高。教师工作状态松垮、积极性不高，存在人浮于事的消极怠岗现象；学生行为习惯不良，学习主动性差，师生关系紧张。新校长上任提出了向优质迈进的目标。该目标具有强烈的鼓舞作用，但对未来教学质量的不确定性，对新的管理团队的管理能力的不确定性，特别是对新校长领导能力和工作风格的不确定性，对学校将来的绩效评价方式的不确定性，让教师、学生和家长都处于迷茫和观望状态。A初中通过文化重建凝聚了教师、学生、家长的信心，重拾他们对学校的希望和支持；通过学校文化的重建引导教师和学生的价值取向和良好行为习惯的养成；也通过学校文化的重建规范了学校办学行为，为学校优质发展提供最重要和基础的保障。A初中以仪式为载体，试图以仪式诊断、重建和巩固学校文化，使学校高质量发展走向优质。

基于以上思考，A初中展开了以仪式为载体重建学校文化的进程。学校仪式建设分纵向和横向两条线：横线以学校文化主要构成的物质文化、制度文化和精神文化等三要素建设为主，它们是学校仪式建设的基础；纵向以仪式建设为载体，以学校主流价值观为核心建设教师文化、学生文化、管理文化、制度文化等学校文化的构成要素。学校文化的构成要素通过仪式外显学校的核心文化，学校的核心文化又以仪式为载体影响和制约着其他文化的建设，它们间的关系如图3-1所示。

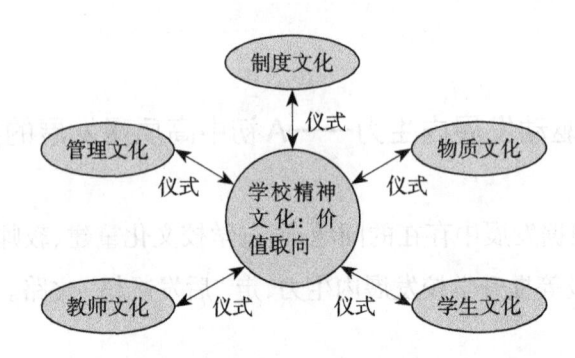

图3-1 以仪式为载体A初中学校文化建设图

1. 建设学校的主流文化

（1）确立学校的精神文化

学校精神文化的确立可以从三方面着手研究思考：第一，从历史的沉淀中找到文化的根基；第二，从当前学校建设的困境、难点中找到突破；第三，从已生成的主流文化中创生新的文化。

A初中是两校合并的新学校，教师中存在着各自为政、人心涣散、小团体等现象，学生和家长尊师重教氛围不佳，社会对学校的认可度较低等。基于以上的情况，学校决定从困境中找突破，确立学校的主流文化。

学校提出了学校以"关注生命成长 注重个性发展 创造卓越人生"作为教育理念。在此基础上提出了校训、教风、学风、办学承诺、办学目标和培养学生的标准，努力创建高质量、有品牌、现代化的初级中学；希望通过全体师生的共同努力，最终实现学校"人际关系和谐、校园环境整洁、教育质量优质、校园生活幸福"的美好愿景。

提出这些理念后,学校举行了"学校发展论证会",参加会议的人员有学校全体管理人员、教师代表、学生代表、家长代表、当地政府相关人员、教育局相关科室人员和外请市名校长等。论证会有校长解读,政府人员、局领导、专家等点评,最后分组讨论。此后,管理人员到相应年段解读并听取大家意见;利用网络平台、告家长书、校长信箱等各种平台发起意见征集,对好的意见给予奖励,掀起了共同提意见的热潮。以师生为主体、以"尊重"为主旋律的教育价值观确立起来。整个过程,如图3-2所示。

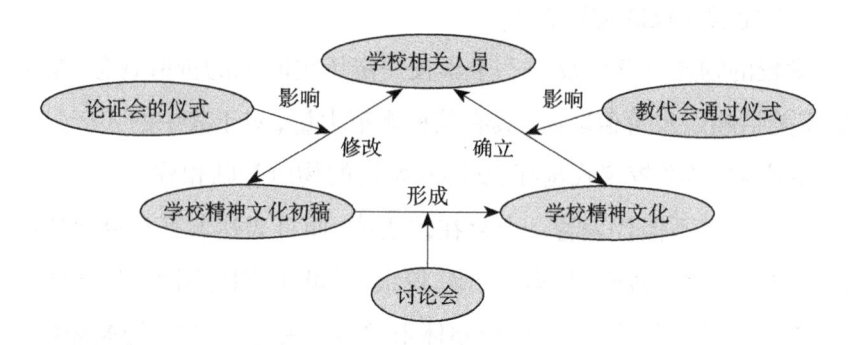

图3-2　A初中主流文化确立仪式图

论证会、讨论会、教职工代表大会等仪式贯穿在各个环节中,确立的文化更客观科学,整个讨论的过程就是文化碰撞以正确价值观引导的过程,最后在全体教职员工举手表决的时刻更显庄严。这不仅传递着一种文化,更把这种场景文化烙印在现场的每个人的脑中,成了学校文化的无意识学习,为学校文化成为群体共同文化奠定了基础。

学校的精神不仅仅是一种响亮的口号,更应内化为一种价值、一种理念,只有如此,才能使人们达到文化的自然,支配他们的行为,达到终极目标。学校应充分利用家长会、升旗仪式、演讲比赛等活动仪式来宣扬学校的核心文化,这也是由仪式本身的特点注定成为学校核心文化的最好的宣扬者。

如开展"我心目中美丽××学校"的征文和演讲比赛,由学生初赛、教师初赛,到最后师生同台演讲,并由师生、家长做评委。在这个活动仪式过程中,师生关系、家校关系、管理者和师生关系、共同愿景等价值观得到充分的张扬和传递,特别是演讲过程中气氛的渲染,形成了一种积极向上的"精气神"。

没有核心价值观的引领,就如曲子没有主旋律,文章没有中心思想,运转缺少了围绕的轴。学校核心文化是仪式的主题和围绕的轴,否则就偏离了方向,仪式必须承载着学校的主流价值,不然就是流于形式的、去教育化和去影响化的仪式。

（2）建设学校的物质文化

学校的物质文化能反映一个学校一定历史时期的价值观念、精神风貌、审美情趣以及价值取向,具有某种规范力量,对于其中的人产生潜移默化的影响,是学校仪式延存、交融和发展的物质基础和载体。

一个标志不但代表着一个存在的实体,而且表达着其自身独特的含义。学校的校牌、校旗、校徽、校服、校报、校歌等都以不同的形式向人们传递着学校的文化价值,把学校整体形象以一种浓缩和集中体现的方式传播给社会公众外显性视觉对象。A初中发起了校徽征集活动,许多人都把学校的理念用于图形的设计,真正体会到了学校的核心价值取向。还有人把地域特色和学校的文化结合起来,最后被学校采用并给予了奖励。首次校旗升旗仪式时,校长如是说:"我们的校旗是蓝色的,那是天空和大海的颜色,让我们想到天空的辽阔和大海的广博,作为A初中的一员,我希望我们拥有天空一样明澈的心境,海洋一样博大的情怀。"每周一升旗仪式上,领队举着校牌、学生们穿着印有校徽的校服、唱着校歌、看着校旗冉冉升起,一种自豪感和归属感自然而生。

对于校园环境设计,学校确立了简洁、厚实的基调。起初,一所新学校离厚实还很远,因为校园内的绿化还没有枝繁叶茂,校园的人工湖边还都是斑白的碎石,于是校门口外、正对校门中央,一块朝外写着校名、朝内写着苍劲有力的两个字"砺志"的巨石被端放着,再由语文老师们发起了一场"我来谈砺志"的活动。校门口内与巨石相望的是孔子铜像,像这样的铜像有六尊,另五个为科学家、音乐家、作家、领袖等,寓意学校培养的是各方面的人才,不同领域的名人像引领学生学有所长,这是学校的培养目标之一。学校的主干道用校训命名,南北走向的两条主干道被命名为"厚道路"和"博学路",东西方向的两条主干道命名为"勤思路"和"力行路"。

(3) 形成学校的制度文化

一所上规模的学校,制度更显重要,能保障学校教育的有章、有序和有效,是学校管理的需要,也是学校文化建设很重要的一部分,更是优秀文化建设的保障。制度的制定、论证、修改、通过、执行整个流程,谁是主体非常重要。制度本身具有极强的导向作用,在论证、修改的过程中涉及利益的各种文化冲突非常尖锐,而正是在这些冲突中主流文化的价值取向才得以彰显。制度没有通过前它本身是没有严肃性、权威性的,只是一些停留于表面意义的文字。而制度通过过程中严谨的制度解读、庄重的举手表决赋予了制度的神圣性和严肃性。在往后执行的过程中也因制度的神圣性和严肃性形成和巩固了主流文化的价值取向。

制度制定的过程中,A初中让教职工充分提出意见和建议,使教师有主人翁的责任感,并且及时把他们的价值取向及不良情绪显现出来。问题的暴露、解决是走向优秀的途径。通过教师提出问题、分析问题、解决问题的过程,不仅使制度的制定科学、公平、公正,也是对制度本身最好的解读,在解读的过程中明确了自身的角色和责任,充分体现着学校"尊重"的主题,体现着学校"大气、开放、团队"的精神,更是通过制度促成一种"奉献、合作、责任"的精神。

2. 建设特色化的仪式

学校仪式是学校核心文化的载体,不仅传载和巩固核心文化,也是检验学校核心文化建设的最完整最真实的工具和手段。A初中学校仪式建设分为三方面：仪式课程建设、日常仪式建设和个性化仪式建设。

（1）学校仪式课程的建设

学校仪式课程能完善校本课程和拓展型课程，通过仪式课程的建设能真正理解、诠释仪式的真正内涵，构建仪式的知识体系；通过仪式课程内容的甄选，把迫切需要确立的核心文化置于其中，形成正确价值观。课程包括礼仪和仪式两大部分。礼仪部分介绍中国古代的传统礼仪和现代社会人们社交中的一些重要的礼仪。仪式部分介绍中国古代的传统仪式如成人礼、女子及笄礼、入学礼等，还介绍国外和当前社会及学校中一些重要仪式，以及仪式中人们所应呈现的面貌。学生、教师和家长对这一课程表现出了极大的兴趣和热情。仪式课程作为校本课程，学校定课时定老师给学生讲述，整本教材一年时间学完。学生在学完之后，有大型的成果汇报会，进行各种仪式场景行礼仪的表演。

（2）学校日常仪式的建设

日常仪式指的是每天或经常存在于学校生活中的仪式，以经常性出现的方式提示、强化某种价值取向和行为方式，对人形成浸润式的、细水长流式的影响。

A初中日常仪式指的是：日常问候仪式、课堂仪式、升旗仪式、出操仪式等。人际交往中，主动热情的问候、适时适宜有度有礼的问候，不仅会改变人际关系，还可以显示出一个人的自信、气度和素养。日常问候应该成为一种习惯，成为一种环境文化。学校通过家校联系本、倡议书等在家长、教师、学生三个层面进行问候仪式建设，倡导生活中"多点微笑，少点烦躁"，"多点主动，少点懈怠"，日常问候仪已成为学校的一种特色文化。学校课堂仪式的建设主要是上下课仪式、提问仪式的建设。课堂仪式是一种人的角色转换的暗示，通过仪式提示人们从一个场进入另一个场，也提示在场的人适时及时地进行角色转换以与周边的环境相适应。提问的仪式呈现师生间尊重对方、尊重知识、真诚友善的文化氛围。升旗仪式、出操仪式等不断创新，宣传的内容更为丰富，使师生的情感得到更好的体验和感受。

（3）学校个性化仪式的建设

A初中在整体设计仪式时，对个性化的诠释有两个含义：其一是仪式设计时改革创新的个性化；其二是符合学生不同年段设计的个性化的仪式。A初中革新式的个性化仪式均为全校性的活动，由校委会负责。如开学典礼、9月22日的班主任节、经典诵读会、学校体艺节等均属于此类仪式的范畴，每个活动仪式都有主题、有目标，内容和形式紧扣仪式的目标。学校也会根据学生的身心特点、所在不同年级，设计主题式的仪式，如七年级以"迈好初中第一步"为主题的礼仪展示活动及退队入团仪式；八年级以"迈好青春第一步"为主题的五四青年节活动；九年级以"迈好人生第一步"为主题的毕业典礼等。带给学生的不仅仅是一份角色的提示，更是要让学生明白，在人生的不同阶段需要面对的和承担的是不同的责任和义务，也让学生明白人有许多特有的权利，这是学校倡导的自信、自强、自立和自重的校园文化内涵之一。

（二）提高管理效能：管理组织的架构

A初中改革摒弃了以往单纯的层级管理模式，而是以科室层级兼年段扁平化管理为组织模式的建构，使学校管理更高效地运行。学校管理工作赢在中层，中层的执行力、组织能力、号召能力对于学校工作的顺利开展和取得理想成效有着举足轻重的作用，中层干部的培养也被A初中校长放在自身工作职责的重点位置。中层干部的选拔和考核均是通过个人申报、群众测评和学校考核等民主的方式进行，把肯干、乐干、能干、能为教师做表率又具有较好管理能力和综合素养的教师提拔到中层管理岗位，不仅是对教师个人发展的一种鼓励，也是学校治理的重要方式。

学校的工作以教育教学为中心，随着分工的精细化和管理的精准化，许多学校在校长室下设置了更多的科室，而科室之间既有分叉又有重合。组织机构的繁复并不利于学校的发展，一是学校各种工作并非都边界清晰,虽然各科室职责分明,但当不同科室工作有重叠时,会出现两不管的空白地带,也会出现几个科室都去管的混杂状态,于学校的工作文化都是不利的;二是随着教师绩效制度的实施,设置中层岗位的职数一定程度上会影响教师的利益和积极性,容易使管理团队和教师队伍站在对立面,形成干群关系紧张的不良现象;三是当更多的优秀教师走向行政岗位,对于学校教师专业成长是不利的,毕竟中层的事务性工作对自身的专业成长还是有一定影响的。因此,A学校在行政科室的设立、科室人数的安排、科室职责的分工上都与相关当事人和教师代表进行商讨。

年级组是规模学校管理的一种方式,它主要的功能是实现管理的精准化。涉及年级的整体工作时,年级组向校长室负责;当由各科室发起全校性或面向某年级的活动时,年级组向科室负责;年级组还可以根据本年级的实际教育教学情况,组织教师和学生层面的活动。因此,年级组是既向校长室直接负责又向各科室负责的非行政性的学校管理组织方式,它在提高学校层面活动的落实和提升本年级教学质量方面起着非常大的作用。A学校的三位副校长担任年段长,各自负责其中的一个年段,使年段管理的重心更低更实,不仅能确保各项工作的落实,又能及时解决和处理年段中呈现的问题。各年段还配有一位教务员和政教员协助年段长管理,组成年段管理团队。其中教务员协助教务处和教科室,政教员协助政教处完成本年段的相关工作,年段管理有相对的独立性。学校有年段管理的考核办法,对整个年段的发展进行考核,考核的结果不仅对整个年段奖惩,也和个人绩效相捆绑。在这种管理机制下,年段内成员自成团体,互助上进的气氛比较浓厚,而年段间相对有一定的竞争性。

A学校实行这种以副校长为年段长的扁平化管理至今5年,从实行的结果来看,在提高教师工作的积极性、增强教师的责任感、提高年段各学科的成绩、落实学校的各项工作中起着积极的作用。但我们也发现,各年段自成一体,年段间也存在着一些不良的竞争;备课组内的教研活

图3-3　A初中管理组织结构图

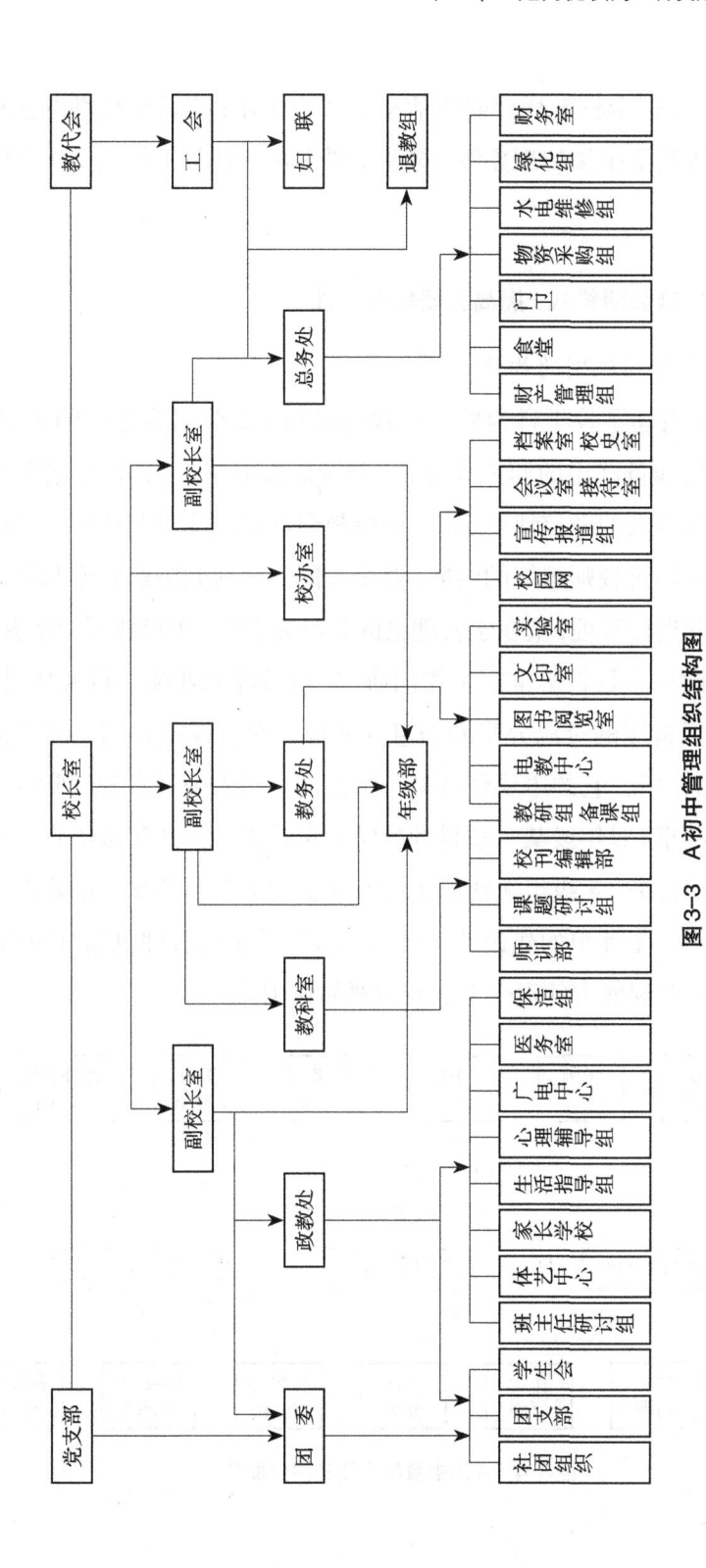

动积极配合，但全校学科教研组活动相对边缘化；担负全校性的活动时存在不积极甚至推诿的现象等，这就需要学校从评价等机制上进行修正和完善。

（三）突破教研样式：提高教研的有效性

1. 教研活动机制的构建

A初中组建了校学科为单位的教研组和年级学科为单位的备课组，明确教研组和备课组的职责和分工，制定以多元主体、方法信息化等为主体的教研活动的考核评价机制，确保教研活动的质量和改进。教研组是全校同一学科教师组织的团队，对全校同一学科教师的教学常规和专业能力提升进行管理，重在学科理论的学习和引领、年轻教师的培养，组织全校性同一学科教学常规工作的研究，对教师的业绩进行考核，同时组织各年级备课的资源分享和信息互通等。而备课组是同一年级同一学科组成的团队，它的主要任务是年级内同学科教师日常教学常规工作的探讨和共享，对年段某一学科的教学质量负责。当然年级组也有培养新教师等的任务，年级组无法解决的专业上的或学科教学上的难题可以递交教研组。备课组的建设使年级学科教学质量的管理更精准更高效，在教师教学常规能力的提升上起着重要的作用。

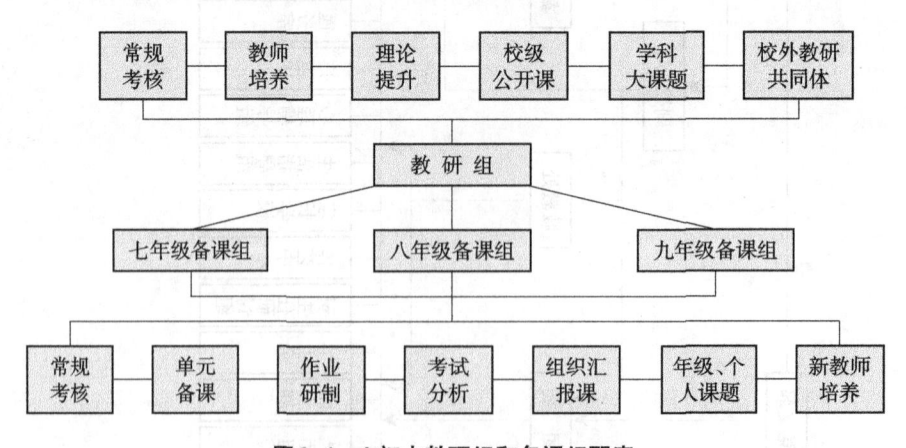

图3-4　A初中教研组和备课组职责

2. 教研内容的层级化

教研活动的内容直接影响教研的效果。A初中要求各教研组和备课组在每学年初就制定好一学年活动的内容。教研活动的内容聚焦教学质量的提升，满足教师发展的需求、学生发展的需求和教学变革的需求。教师发展中碰到的瓶颈和障碍是教研的主要内容，比如教学问题的研讨、教学理论的学习、专业素养的提升等。

教研活动的内容要注重结构化和层次化，针对不同业务能力水平的老师有不同的活动设计，既发挥教师的优势也弥补教师的缺陷，提升教研的有效性和针对性。A初中在教研活动设计时，对不同发展状态的教师有分层设计，满足不同教师的需求，克服内容的单一性，充分调动每位教师参与的热情，使每一位教师都有所发展。并且根据教师的不同发展水平建立研修群，通过同伴互助、共同研修达到发展的目标。

3. 活动样式的突破

A初中的教研活动以"唤醒"的方式打开，通过联盟、引领和自主的形式唤起教师的成长。不同合作"共同体"的"联合式"教研，能切实加强群体协作、联同教研，增加教研活动研究的内在密度，提高教师教研的协同性。教研活动以主题式、校本教研和校间联盟结合，构成更为庞大的、充满生机、不断走向治理的教研实体。

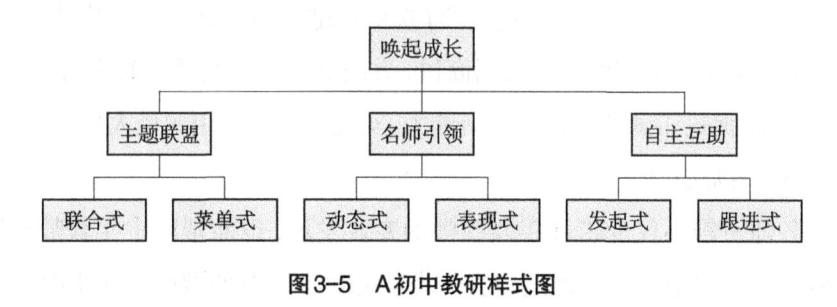

```
                    唤起成长
         ┌─────────────┼─────────────┐
      主题联盟        名师引领        自主互助
      ┌───┴───┐     ┌───┴───┐      ┌───┴───┐
   联合式  菜单式  动态式  表现式  发起式  跟进式
```

图3-5　A初中教研样式图

（1）校内联盟

校本教研目前越来越得到关注，它以本校教师为研究主体，以解决发生的教学问题为主要内容的一种教研形式。A初中校本教研主要以教研组和备课组活动的方式进行，教研活动的内容各有侧重，既有备课、上课、作业的研讨，也有对学生教学情况的分析。

校内教研团队往往会形成抱团的自发组织，共同研究解决某些教学困惑或难题，一个优秀的骨干教师背后往往有学校整个教研团队的支持和互助的智慧付出。集体备课、团队研磨，是校本教研的常态。年轻教师上课时，学校采用"同课异构"的方式，由成熟型教师上给年轻教师看，体现年长的带年轻的；而成熟型教师上公开课，一起磨课听课的过程，对年轻教师又是非常好的示范。特别是校内"跟进式"教研，在一次次课堂教学实践中，让部分有需求的教师跟进整个听课的过程，跟进听课、跟进思考，让更多教师知其所以然，获得共同成长。这一教研形式，从原来的呈现结果到展开整个课堂教学发生的变化，从原来的一次教研生发出多次教研，增加了教研的频次。

（2）校间联盟

A初中基于学校师资结构和名优教师人数相对较少等特点，通过联盟和共同体借智他校，不仅提升了教研活动的有效性，而且极大提升了教师的专业能力水平。教研活动基于某一教研主题，借助名校资源促进学校的教研能力。A初中和城区的C学校、市区的F学校自行结成了联盟，建立联盟学校的学科教研大组，确定每学期的活动主题和活动计划进行"菜单式"教研。教研的运作方式主要有联动共建、资源共享、联合共进、同课异构等。联合名校的资源，共同商讨，教研活动开展得更有针对性、实效性，更大地促进了薄弱学校的教研能力，实现了资源利用的最大化。

（3）名师引领

名师引领不仅能带领年轻教师的专业发展，也能帮助中年教师克服发展的高原现象。名师通过建立"微信互助群"，方便教师解决平时教学中的实际问题，进行"动态式"教研。教师可以基于教学中某一个具体的教学困惑在群里交流、讨论与碰撞。

名师通过课堂教学、说课议课、观点报告等方式带动教师进行"表现式"教研,提高教学水平。A初中通过引进市区名师在学校建立工作室,一方面让名师深入学校相应学科的教学进行调研,找到学校学科教学中存在的问题,通过一定方式的教研以解决存在的问题;另一方面,名师对学科教师的引领和指导,使教师站在更高的平台上提升自我,完善自我的教学。

(4) 自主发起

借助"微信""钉钉"等在线工具,教师根据自身研究的困惑主动发起教研,教师参与教研活动的全过程,真正成为教研活动的主体,从而有效提升业务能力的发展。基于教学中具体的教学困惑,教师在群里交流教学困惑或问题,群里讨论与碰撞。群内教师可以利用碎片化时间进行线上交流,提出自己的修改建议。这种即时性的教研方式,让更多的普通老师主动参与教研,在讨论交流中思考和学习,从而有所受益,充分调动和尊重了每位教师对教研的热情。问题由一线教师提出,更有实践性、真实性、精准有效性,教师们提出的问题处理办法也更有操作性,教研的有效性得到极大的支撑。

(5) 参与跟进

教师在一次次课堂教学实践中跟进整个听课、磨课、评课的过程,跟进参与、跟进思考,教师不仅学其然还明白其所以然,不仅教师的教学和研究能力得到了提高,还使教师养成积极思考的习惯,获得快速的成长。

A初中周老师作为名师要录制省名师示范课,一堂课的教研共经历了7次,先是听周老师说课性的磨课,然后周老师进行第一次试教,试教后大家一起磨课,然后再次试教,直到一堂精彩的课在屏幕上亮相。如此沉浸式、跟进式的听课、说课、评课、磨课、上课,从上课教师初步设计到后面不断反思、修正、实践,到最后的精彩呈现,让参与者有一起努力、一起成就的强烈感受。

(四)落实教学规范:扎实常规的管理

A初中认为常规管理是提升教学质量的重要手段,他们抓细、抓实教学常规，确保各项制度措施的有效落实，以严格规范的管理促进工作效果的高质量。坚持以重实际、抓实事、求实效为教学常规管理的基本原则。根据教师的不同教龄和教学水平提出共性和个性的常规要求，使每一位教师都以最有效的方式落实常规的管理，提升自己的教学水平，提高教学质量。

1. 备课管理

A初中的备课要求是在教师自下而上的讨论后表决通过的。这份常规不仅是基于教师的教龄和业务能力的考量，还创造新的增减备课内容的含义。一份好的PPT完全包括了制作者的教学思想和教学过程、教学活动、教学板书、教学辅助的设计意图，是旧式的备课教案的另一种表现形式；一份完整的教学案例，不仅呈现了教师的教育思想、教育设计和教学反思，而且更完整呈现了学生的课堂实录，既反映了学生学习的可见表现，也反映了学生思维的痕迹，是教师课堂研究的最好途径；一份教育轶事、教育故事被教师记录下来，是因为它的平凡中的不平凡，能引起教师对教育的思考。而有经验的老教师或优秀教师和同事的分享，更是用他们成熟的教育思考去引发其他人的观察、研究和思考，让教师的工作处于一种行动研究的状态。特别是在带领新教师解决教育中碰到的一些难以解决的问题或平时被忽视的教育细节时起到非常好的引领作用。

A初中也认为，纸质备课本在许多地方有着电子稿无可替代的优点。比如新教师上课过程中出现"滑脱"现象时，可以利用纸质稿帮助自己回忆备课时的设计；教师在上课的过程中，发现一些细节或值得标注的地方，以防课后忘记，可以及时在纸上标注；每学期一本的备课记录能让人产生职业的满足感和成就感。因此，学校要求新教师必须手写备课本，因为手写的过程不仅是加强记忆的过程，也是再理思路的过程，毕竟面对笔和纸与面对屏幕感觉是不同的。

对教师备课的管理，根据教师教龄和业务能力水平的不同，学校施以灵活有效而又被教师们接受的不同的规范和要求。按教师的教龄分段提出不同的要求：

（1）对于3年内教龄的新教师，要求每一堂课都有纸质手写的备课详案，每堂课后都有反思；一学期有两份完整的教学案例；每个月有一篇不少于800字的教育轶事即教育教学故事。

（2）对于3到5年内的教龄的文化学科教师，要求每周有四堂课的纸质手写或电子打印的备课详案，并有相应的教学反思；一学期有两份完整的教学案例；每个月有不少于800字的教育轶事。

（3）对于5到10年教龄的教师，要求每周有四堂课的纸质手写或电子打印的备课详案，每周不少于两课时的教学反思；一学期有一份完整的教学案例；一学期有三篇不少于800字的教育轶事。

（4）对于有10年到20年教龄或已评上区级以上教坛新秀的教师，要求每周有不少于四堂课的备课详案，可以用两个详细的课堂电子PPT代两个备课详案；每学期需有一份完整的教学案例和两篇不少于800字的教育轶事。

（5）对于有20年以上教龄或者已具有区级以上名师等称号的教师，学校不再检查备课情况，但每学期需有一个完整的教学案例和四篇不少于1 000字的教育轶事；每学期至少在全体教师会上分享一次教育轶事。

（6）每位教师都有权根据自己的备课风格，向学校提出自己的备课特殊请求，但提出备课工作减少的教师的教学质量必须达到学校提出的要求。

A初中备课环节工作的考核由年级组和教研组分工完成，而备课检查的主体是全体教师即被考核对象是全体教师，而考核者也是全体教师。对教师备课的检查进行绩效考核并不是最终的目的，只是一种促进的手段。A初中备课本的检查由教研组内全体教师互相翻阅，互相写出评语，然后自评和互评等级，最后由各教研组长在全校教师面前汇报，把最好的备课本展示出来。这个过程是一次互相学习、监督和提升的过程，效果非常好。

2. 上课管理

A初中提出构筑以学生为主体、以学习为本位、以学力为核心的美丽课堂，在实践过程中，开展"备课—上课—听课—评课—思课—结课"的系列活动，提升课堂教学效率。发挥名师和骨干教师的引领，通过思想凝练、课堂打磨、师徒结对、示范辐射等形式进一步发挥名优教师在全体教师中的示范、辐射和引领作用。为此，学校推出"名师展示课""行政示范课""校际交流课""专家把脉课""备课组研讨课""行政推门课""新教师汇报课"等，以此探索及深化对"怎样上一堂好课"的研究。继续探索"学科教学与德育实施融合""学科教学与研究性学习培养结合""学科教学与现代信息技术整合"的途径、方式方法，倡导启发式、体验式、探究性、合作式等多元教学方法实验，努力使课堂教学呈现出生动活泼的局面，体现学生为主体、学习为本位、不断提升学力的教育思想。

A初中在提高教师课堂教学水平的管理上，也是基于教师教龄和教师已有课堂教学能力来分层管理：

（1）3年内教龄的新教师，学校配有一位教育教学业务能力强的教师作为他的师傅。师徒结对的前提下还有各自的职责、要求和考核。师傅不仅带教学，还带德育工作和科研。学校《师徒共同成长方案》，不仅使新教师胜任或优秀，也使优秀的老教师不断接受新的技术和信息使自己不断进步更加优秀。

（2）新教师和师傅每周都要互相听课研讨，新教师每学期开出一节汇报课，优秀的师傅每学年开出一堂展示课。对于教龄在3年以上的教师每学年必开出一堂校级或年级内的研讨课。不论年纪和教龄，每个教研组确保每学期至少有一堂观摩课、一堂研讨课。所有的公开课都录制成视频，在校内网公开，供大家互学和自学研究改进。

（3）学校每两年一次的基本功大赛，35周岁以下的必须参加，35岁以上的自愿参加,无论教师的职级多少,拿过多少荣誉,这一活动旨在让平凡的教师在磨炼中走向优秀,让优秀的教师更加优秀。基本功大赛包括写粉笔字、说教育案例、写文献综述、说课、上课、评课等环节,这是一场教育教学能力的大考,是一场能力间的较量和提升。四届比赛的举办,不仅提升了教师的能力水平使教师快速成长,也推动许多优秀教师在校内比赛、校外区级和市级赛上脱颖而出。

3. 作业管理

作业是巩固基础、提升学习能力的重要抓手,更是重要的"轻负高质"的载体,而且有效的作业设计更是教师专业素养的体现。

A初中进行作业设计"四重奏"的研究和改革。首先,通过作业的"分层设计",减轻学生的作业负担。学生的学习重负主要是作业量大,难度值高,如果分层作业,给学生布置适合他们自身能力的题量与内容,自然就能达成减负的愿景。把班级学生分为4层:A层,有较高的难度,指向知识的综合运用,培养高阶思维,适合班级前30%的学生;B层,有一定的难度,立足近段学习内容,指向知识的整体运用,培养高阶思维,适合班级前30%～50%的学生;C层,立足课本,综合本单元的基础知识,培养思维,适合班级前50%～70%的学生;D层,立足课本最基础的知识,诊断知识掌握情况,培养学习习惯,适合班级后30%的学生。

其次,通过作业形式的"三个意识",减轻学生的学习负担。重视作业形式的"问题意识""整体意识""创新意识",让学生喜欢上作业,不再重复做零碎的作业。第一个"意识"是作业的"问题指向",作业应该引导学生运用知识解决实际问题;第二个"意识"是"整体指向",作业需要综合性,引导学生综合运用知识;第三个"意识"是"创新指向",作业形式创新,不再只是选择题、填空题、简答题、问答题等。

第三,通过作业的"双向选择",让学生在分层作业的情况下,选择适合自己的作业量与作业题型,以及自己感兴趣的作业来完成,切实减轻作业负担。双向选择即教师在分层作业的背景下,建议学生选择哪些作业；而学生可以根据自己的程度与兴趣，选择自己应该完成的作业。最后，通过作业评价的"载体创新"，变换评价主体，创新评价路径，激发学生评价、探究，从而达成作业的"高质"。

4. 考试管理

A初中对教师出卷能力的培养，主要是通过培训和比赛来提高教师的这种能力。一份高质量的试卷所需要的基本知识、基本技能和技术要点都需要通过专家的培训和引领才能被教师掌握。每年3月份的出卷比赛，更是对教师出卷能力的实战考查，通过评判所出试卷，也让教师发现自己学科专业和教学能力上的缺憾。

对试卷成绩的分析旨在帮助教师了解学生学习的状况，也帮助教师解决自己教学中存在的问题。在学生参加期末考时，A初中总会同步组织学科教师参加相应年级的考试，并让教师预测学生的得分情况。成绩出来之后，会基于教学现代技术进行大数据分析，检验结果和教师的预测结果的契合度，能帮助教师认识到自己对学生掌握知识的了解度，以调整自己的教学策略。现在，教师不用对学生考出来的成绩自己做统计，都有基于教学现代技术的统计和分析，但如何使用这些数据，如何根据数据分析自己的教学，进而调整和改进，正是A初中对教师必须掌握的成绩分析的技术培训。

对学生的课外辅导，旨在帮助学生查漏补缺，面对学生的差异进行个别辅导，提高全体学生的学业水平。A初中要求教师反馈要及时，辅导要跟进，当天的任务当天清，重在个别辅导，不主张全堂讲习补课。在面向全体、尊重差异的个别辅导的指导下，学校在后1/3学生的管理上成绩明显，学校的总体成绩高于其他学校。

（五）创新项目研训：师能提升新方式

学校教师主要的问题是中年教师比重大，教学方式相对陈旧，需要能力的第二次发展，年轻教师的主要问题是缺乏名优教师的带领，不仅成长缓慢，而且方向的准确性也难以预测。学校针对这种现象，借智其他学校的优秀做法，以项目研训的方式，提升教师的业务能力。

1. 项目的设置

不同年龄层次、不同业务能力的教师群体有不同的发展需求，学校组织教师根据自身情况设计符合自身发展的项目。学校汇总分析后，经过几次的征询和调整，所有的项目适合教师与团队的成长，能充分调动教师主动性与自信心。项目设置时间为一年，运作目标明确，注重教师的师德和业务能力的协调发展，采取正面激励的方式评价。项目确立以后，教师进行自主定位与申报，实现同一项目教师的相互协作，然后由行政会议讨论，最后由教代会决议通过批准执行。

2. 项目内容

项目的活动内容涵盖面广，涉及师德、人文、教学、班级管理、技术等多方面。

（1）共读经典

首先广泛发动教师推荐阅读书目，然后让教师选择阅读书目，最后负责人和学校确定共读书目。阅读采用自主阅读、团队分享的方式，不仅要求教师摘录书中精彩片段、写若干句心得，还要与队员分享联结现实的读后感受，择优在周例会上向全校教师进行30分钟阅读成果分享，使阅读真正深入教师的心里，真正和现实联结。2021年，读书团队就阅读了《我们是怎样思维的》《在绝望中寻找希望》《未来学校》等6本书，丰富了教师的思想。由于读书活动组织和分享成功，参加阅读项目的人越来越多。

（2）主题研讨

主题研讨主要是教师针对教学中的困境，更深入地研究探讨，形成新的理论思想和解决方案，解除教师教学屏障，使教学科学高效。比如七年级英语怎样减少学生的两极分化，八年级语文怎样提高学生的文言文的阅读能力，八年级数学怎样克服女生学习几何的畏难情绪等。要求每学期每人参加的主题要有一个经典的案例或研究型展示课在项目团队内分享,然后择优在全校论坛上进行讲座。主题式研讨真实地解决了教师教学中存在的难点,并且通过项目活动带动教师从单一的实践经验上升到理论的思考,教和研结合起来,也带动了教师的科研,基于项目专题式研讨后的课题研究成果非常丰富。

(3) 技术提升

现代教学技术能提升课堂效率,增进师生交流,获取教学资源,对师生的发展起着积极的推动作用。信息技术更新快,中年教师在使用技术、制作媒体、获取信息等方面存在着短板。项目团队利用学校设备,提升团队成员技术使用水平,如希沃白板的使用、微视频的录制、资源的搜集、多功能PPT制作等,通过一年的项目培养,教师的信息素养提升得非常快。教师在微课、多媒体课件制作等区级以上的比赛中,获奖比例非常高。技术的提升不仅使教师的课堂更丰富多彩,吸引了学生的注意力,提升了学生学习的兴趣,还使教师对教材的理解、内容的拓展、目标的达成有更深的理解,学科教学质量也有较大提升。

(4) 智汇专刊

缺乏最新理论和实践引领的教育教学容易让教师陷入职业的瓶颈和倦怠,教师既需要有校本草根的实践经验交流,也需要有高层次的引领。先进的理念和实践可以是来自名师和专家的现场指导,还可以是对文献的学习。学校创办了"智汇专刊"项目,专刊主要是汇编当前教育期刊中对教育教学有较强指导意义的文章,既有理念的引领也有优秀实践的传授,学校还组织外语水平高的年轻教师翻译外文教育资料,专刊两个月一期,每期有主题、有专题栏目,选择的文章由项目负责人和教科室把关。专刊编成后下发给全校教师,并在学校微信公众平台发布。每年的教师节对教师能力水平的书面测试均来自专刊,以强化教师的业务学习。经过两年的专刊汇编后,教师的理论水平明显得到了提升。

3. 项目管理

采用"项目团队管理",充分发挥教师团队的积极作用。每个项目有一位负责人,负责人在学校教研组和科室的协同下完成实施方案的制订和具体工作的落实。项目团队计划完成情况、项目团队组织开课情况、项目团队竞赛活动组织情况、教师成果发表情况、项目团队活动通讯报道情况、项目团队工作总结情况等,则由项目参与人、教研组、相关教师共同落实。每位教师可以申报多个项目,教师参与情况由每个项目的负责人、项目团队内每一位参与者及其他相关管理人员评价。

通过教学改进和师能提升,A初中有了明显的改变,不仅教学质量有了巨大进步,学校的科研成果也明显递增,教师业务能力水平比赛成绩有所突破,年轻教师有的成为市、区教坛新秀,有几位教师还新入选了区、市高层次人才库。2021年11月区教研室对学校各学科进行了调研,对学校教学改进项目下的新课堂给予了高度评价,教师代表学校在区级以上教研活动中展出示范课。薄弱学校高质量发展的空间得以扩大,只要选择适合的正确的路径,脚踏实地改进就能走向优质。

三、B初中概况

B初中是一所历史悠久的农村乡镇初中,现在的学校是1998年所在镇两所初中合并而成的。21世纪初,B初中曾是所在区规模最大的初中,学校教育教学质量位于区前列,从2010年始,学校规模锐减,一方面是由于择校生减少,另一方面由于优秀师资流失严重而引起的生源严重外流。2008年至2020年频繁更换校长,现任校长是这12年间的第五位校长。目前学校师资充足,但老龄化严重,原因是学校规模的缩小,编制的满额,无法招聘新教师。学校教师普遍工作认真,有较好的职业精神,但缺少学科骨干教师和优秀教师。学校连续5年教学质量都比较低下,没有达到区平均水平,2018年5月,区教研室到学校进行了为期三天的教学调研,在调研报告中写道:学校教师常规工作基本完成但质量不高,教师作业批改和反馈及时,课堂教学缺乏活力,学生的自主性学习不够……

2018年8月学校决定以教学改进撬动学校的发展,改变教学质量低下的困境。经过几年的努力,学校教学改进的效果明显,2020年6月的中考和教学质量检测中,各年级各学科均超过了区平均水平,学生在体、艺等方面也取得了新的突破。

四、精准教学新样态——B初中高质量发展的实践

B学校优秀教师流失严重,学科带头人匮乏,尽管教师有一贯优良的工作作风、勤恳奉献的精神,但教学质量还是不尽如人意。面对课堂效率低下、教学质量难以提升的问题,学校一方面进行教学改进,以此提高学生自主、合作、探究和反思的学习能力,另一方面进行教师业务能力培训,以提升教师教学能力和水平,通过这些策略促成学校教学质量的提升,走上"后发超载"之路。

改进教学行为根源离不开对学情的精准定位,教师要改变凭经验教学的习惯,捕捉学生学习痕迹,了解学情,才可以优化教学设计,改进教学过程,激发学生学习的内驱力,使学生获得学习的成就感。围绕精准教学,学校借鉴其他学校"学习痕迹单"和"微测评"的实践,不仅培养了学生自主学习的能力,还提升了教师的教学能力。通过两年的实践,学校教学质量有了大幅度的提升,2021学年的中考成绩进步巨大,得到社会的高度赞可,七、八年级学生的学业水平测试成绩均达到或超过了区的平均水平,极大地提振了学校教师、学生和家长的信心,学校朝着良性的方向发展。

(一)学习痕迹单:优化教学设计

通过用文字、图表等方式记录或反馈学生在学习过程中的思维、行为、态度等学习痕迹的所有单子,统称为学习痕迹单。学习痕迹单通常指预学案、前测题、任务包,通过观察及时了解学生在课堂上学习的痕

迹。痕迹单为教师的教学和学生的学习提供大数据，为教师系统分析学生学情和改进教学行为提供科学、真实的依据。

1. 学习痕迹单的主要功能

改进教学首先要诊断学情，这是基础和前提。学习前，"预学案、前测题和盲区集"等可以让教师直观而准确地了解到学生将要进行的课堂学习已有的知识储备、存在的不足或盲区，以及掌握知识与能力的情况，以此进行教学设计的优化。学习中，"任务包、问题链、思维图"等痕迹单能及时呈现学生学习过程中思维动态和思维逻辑，寻找思维盲点，改进教学行为，提升学生思维能力。学习是个体建构知识而形成经验的过程，这一过程中反思不仅是学生学习再生长的起点，更是优化学习方式的必要环节。学习后，"反思单、成长录、反馈表"等痕迹单能引导学生对已学的知识、学习的方式进行深入分析、反思、评价，形成学习经验总结，促进二次生长。

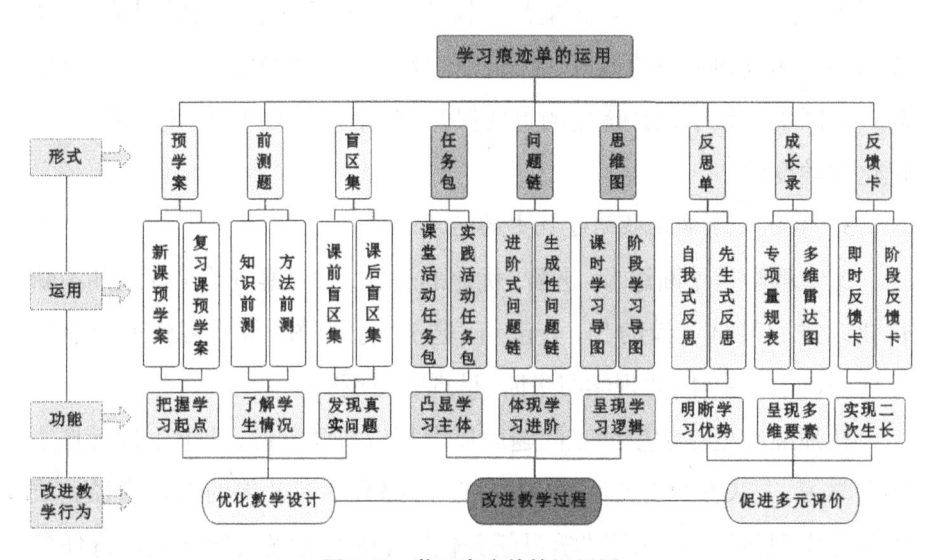

图3-6 学习痕迹单的运用图

2. 学习痕迹单在教学设计中的运用

学习痕迹的准确分析、学情的精准把握，是有效教学的基础。在实践中,教师们借助痕迹单诊断教学起点,调整教学设计,让教学适合学生的学习需求。

预学案是上课前使用的痕迹单,可分为新课预学案和复习课预学案。教师借助预习案痕迹单能够精准地了解学生的已知、未知及难知点,优化教学设计,推进课堂教学优化。预学案分三个环节:设计预学题目、梳理预学问题、优化教学设计。预学案可以让学生提取旧知、感知新知,找到疑难问题,以此不断提高学习能力。

学生新课前的前测题能帮助教师客观有效地了解学情,第二次优化教学设计,提升教学的实效。前测题是教学设计优化的推进过程,分设计前测题目、组织实施前测、进行数据分析、改进教学设计等四个环节。前测题帮助教师发现学生真实的学习起点,体现"学习真实发生,设计真正优化,教学彰显增量"的课堂教学理念。

盲区集指的是学生认知空白和理解障碍等集合,主要包括课前学习盲区和课后学习盲区。盲区集帮助教师有效地了解学生的学习情况、学生的关注热点和不懂的地方,帮助优化教学设计,做到以学定教、以疑促教。盲区集是教学设计优化的重要保障,包括疑问收集、确定学习盲区、优化教学设计。

3. 学习痕迹单在教学过程中的运用

课堂教学是不断思考、进阶、优化的过程,学习痕迹单是促进其不断优化改进的基础。借助"任务包·问题链·思维图"等学习痕迹单能够有效凸显学习主体、体现学习进阶、呈现学习逻辑。

教师准确把握学生疑难问题后提供相应教学资源,让学生进行自主探究学习,是发展学生学习和思维能力、提升学习效果的有效途径。根据学生学习的疑点,采用"学习任务包"投放的方式引导学生进行任务驱动式的学习,主要包括两种形式:任务包在课堂活动中的运用和任务包在实践活动中的运用。它是促进学生自主学习、深入探究,改变教师教学方式的有效途径。

问题链是指教师立足课堂，遵循学生认知规律，根据教学目标将教学内容分解成一组组教学问题的一种提问策略。前一个问题是后一个问题的前提，后一个问题是它前后两问题之间的阶梯，主要有进阶式问题链和生成式问题链。以问题链为载体的课堂教学有利于引导学生由浅层次学习向深层次学习的思维转化，促进学生思维品质的发展。

学生梳理所学内容，整理并制成系统完整的知识结构的思维导图是建立知识间的联系最有效的方法之一，主要包括课时学习导图和阶段学习导图。学习导图呈现学生的思维过程，学生能从知识梳理导图中明确思路，建立知识联系，发现学习薄弱点，继而反馈给教师，帮助教师推进课堂教学，提高教学效率。

4. 学习痕迹在教学评价中的运用

借助"反思单、成长录、反馈表"等痕迹单能形成多维度立体化评价，形成个体经验总结，保持课后持续学习动力，促进思维和学习力的双重发展。

反思是学习过程中非常重要的能力和方法，教师需要有意识地训练和培养学生的反思能力。教师需采取不同的方式来训练学生的自我反思能力，学生对知识掌握、学习方法、学习习惯等方面进行自我反思，发现不足，明确优劣，合理修正。学校在实践中，运用量规评价、雷达图等形式对学生课堂表现、学业知识、思维成长等进行科学的评价。教师要发挥学生学习的积极性和主动性，培养学生精益求精的精神。

学习痕迹的记录、收集、分析和反馈是学生进行自我监控、教师进行教学过程优化的重要载体。"反馈卡"对教学过程和结果进行实时反馈，主要包括即时反馈卡和阶段反馈卡。反馈卡帮助学生及时了解自己的学习情况，调整学习状态，改进学习方法，发展自主学习能力；教师借助反馈卡了解学生的学习情况，调整教学策略，优化教学方式。

(二) 微测评：提速学情诊断

微测评是根据学生现有的知识、能力水平和潜力倾向以"微测评"

为手段,以微促学、以微促研的新型学情诊断方式。它主要包含微时间、微周期、微流程、微容量、微指导等,从"内容、形式、评价、主体"四个方面进行变革,构建基于微测评的精准教学新样态。B学校在九年级中进行了微测评的改革,以提升中考质量。

1. 架构微测评的多重内容

（1）微时间

微时间是指利用每天半小时的碎片化时间进行语文、数学、英语、科学或社会学科考试,时间从120分钟变为30分钟。微测评保证学校教学秩序的正常开展,又在有限的时间里以微测评的形式达到学习效益的最大化。

（2）微周期

微周期是指深入做到一周一检测一反馈一改进,达到"教—学—评"的一致性。微测评更加直接、快捷,立足过程,促进发展。以一周为单位循环进行语文、数学、英语、科学、社会学科一周教学内容的考查,学科联动测评,达到学科统筹均衡发展。

（3）微流程

按照"精准命题、落实测评、及时反馈、定期总结、收集资料"的流程形成常态的测评规划。备课组、年级组、教务处三方联动,年级组统筹安排,简化操作流程,重视数据分析,调整教学方式。

（4）微容量

每门学科测评内容为一周所学的知识点,考点集中,重难点突出,以提升学生阶段性融会贯通能力为主。微测评充分挖掘试题的价值、试题内容的有效性,关注学生学习的过程,对学生的学习水平能做出及时诊断和反馈。在试题的编排上,难度需科学合理,体现重点、难点、错点、盲点,试题有基础巩固、综合拓展、开放创新3个层级。

（5）微指导

微指导是指学生对知识漏洞进行自我诊断、梳理提升、寻因突破,实现学习效率的最大化。以学生自学、生生合学、师生群学等多种指导方式进行知识指导和讲解，有针对性地帮助学生后继学习，有效提升各层次学生的学业成绩。

2. 建构微测评的多种形式

（1）研发学平台，转变组织方式

数字化时代，线上与线下教育相结合的教学模式已逐渐应用到日常的教学中，二者相辅相成，发挥各自优势。线上微测评是利用在家碎片时间，线下微测评是利用在校的碎片时间。

安排课内10分钟针对课内知识学情测评，利用线上技术，开展课外自主半小时的测评。课外自主半小时测评是指根据学生的学情和学科的需求组建多层次的学习"同盟营"来开展微测评。教师提供一份拓展自主测评的试题，发送至线上相匹配的学习同盟营，由学生自主安排测评，测评完后观看老师提供的微课讲解，完成课外自主测评流程。

（2）打造慧学圈，转变学习方式

微测评帮助学生对所学一周的知识缺陷自诊把脉，这些"数据"是学习中的盲点和易错点，自诊的数据全班共享，便于学生全方位了解学习盲区，通过纠错来进行知识重构。还可以通过合作学习引发共学互诊的方式，快速解决各层次学生的学习障碍，收到教学相长的效果。

微测评后，结合学情诊断和教学目标，针对学生的短板知识或技能，以学定教，协助学生发现在思维方法上的知识漏洞，精讲学情诊断后的知识漏洞，帮助学生有针对性地改错。

（3）推进示范课，转变教学方式

结合微测评诊断的优势，"望·问·切"为思路的问诊式教学法应用于各学科。"望症·问因·切理"问诊式的精准课堂针对性地浓缩课堂知识点，提炼知识要点、难点，充分体现学生为主体的理念，把学生从被动的接受者变成主动的学习者，让学生自主思考、探讨、解决问题，在学习中发现问题，明确难点，消化盲点。

根据学生微测评反馈的学情差异,把学生分层分组,把上课的教学内容按照学生的学情差异区分学习任务,然后评估学生的任务完成情况。这种阶梯式教学法以分层设计教学问题让每位学生充分发挥最大的思维限度,实现小课堂大容量的实际收益。

3. 筑构微测评的多向评价

微测评在时间上,知识点一日一清,周周落实,做到一周一反馈、一月一表彰,以反馈促成长。在内容上,要求学生做到课课落实,以每周微测评为手段,做到一周所学每课知识均落实到位。一周所学课程漏洞,及时梳理纠正。在学习主体上,要求在学习过程中,每日知识落实到位,人人过关。

(三)分层教学,尊重个体差异

经历了众多的改革后,学校和教师发现,教学质量每年都在攀升,这不是偶然的,而成为一种必然。经研究发现,学校施行的新教学组织模式辅以学校最优的教学方式,是取得优秀教学质量的关键。

学生之间的差异是客观存在的,承认差异,尊重差异,关注个体,敬畏生命,努力让学校过上一种公平而有质量的幸福教育生活是学校教育的应有之义。B初中连续做了三年的学习情况调查,所得结果是从八年级起,有大约30%的学生开始出现"吃不饱"现象,且这一数据随着年级增长有所增大;有约5%~10%的学生明显感到"吃不下",难以跟上同伴的脚步。显然单一、同质化、固化的学习系统与相对固定的行政班授课制,是不利于所有学生的发展的。

通过大量的调查、研究和论证,学校于2017年初提出了"阶梯递进式"分层走班模式。"阶梯递进式"教学模式是对两级课程实行同一教学进度、异化教学安排、双向动态管理与全程评价激励的分层教学组织形式。学校设计了以"壮志班集体""雄心选修课""凌云课程班"为载体的"阶梯递进式"分层教学模式。

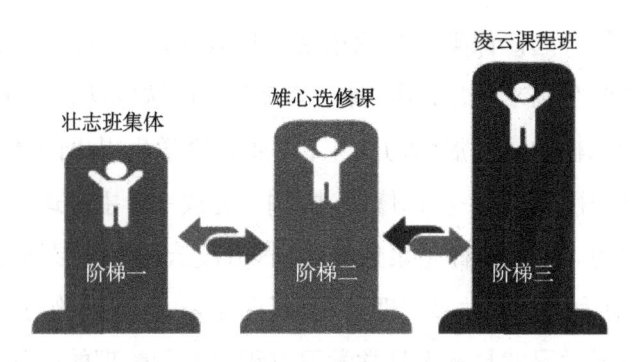

图3-7 "阶梯递进式"教学模式

分层走班是以教育资源公平配置为前提,不能违背公平配置教育资源的原则,学校同学科的教师形成教师资源库,通过集体备课和个性备课相结合的方式,充分发挥集体的力量和个人的能动性,完成不同层次学生的学习任务;以师生双向选择为基础,实施分层学习,自身动力是前进的基础,因此需要师生进行双向选择。学校发出开班通知及招生要求,学生报名,由学习管理中心及年级组牵头,组织班主任会同各科任课教师进行二次筛选,最终确定学习班学生名单;以部分学科走读为目的,学校需要明确"开设分层课程不是将学生进行硬分层",开设凌云课程班,并非新增行政班级,而是为部分学生的部分学科提供一个走读学习模式;雄心选修课上课时间为选修课学习时间,对原行政班不造成任何影响;以流动弹性管理为常态,凌云课程班、雄心选修课均采取流动性管理。其中,凌云课程班为学生提供约2周的适应期,适应期结束后,学生可以选择继续学习或回到原行政班学习;雄心选修课一学期开设一期,学生可以根据自身情况进行自主选课。

"阶梯递进式"教学组织的第一阶梯是激发动力,夯实基础层。分层学习形态的形成,是以扎实的基础为前提的。基础性学习,面向每一位学生的学习应该走在所有学习形式的最前列,是学习面最广的部分,也是分层学习金字塔的基石。第二阶梯是拓展知识,巩固雄心层。分层学习的落实,需要课程作为载体和工具,在完成国家基础课程的同时,学校通过开设雄心选修课类的知识拓展类选修课，满足拥有雄心、学有余力的中间层学生需求，给予其"加一点餐"式的选修课程。选修课的学习内容一般以模块式拓展学习为主，主要解决学生提出的模块式问题，与学生一起进行探讨，一次选修课过程中，完成一个主题式学习，解决一个项目式问题。第三阶梯是聚焦问题，提升凌云层。分层学习的实施过程中，需要更为灵活的学习管理模式，近些年来，学校所施行的凌云课程班模式的分层学习就是融入日常学习过程中灵活管理的一种学习模式。在灵活学习管理方面，通过实践，总结出可以从课程开设、人员确定、学习内容、通力提升等方面进行调整，以适应凌云层的学生。

如今，"阶梯递进式"分层学习的学习管理模式已经正式实施5年，得到了全校师生的高度重视，学生在"阶梯递进式"分层学习中的体验与收获是对分层学习最大的肯定。当然还有许多问题需要进一步优化和探讨。

2019年，B初中引进新步伐精准教学分析系统，助力学校进行以纸笔测试为基础的教学诊断，同时对学生进行学习风格测试，促进教学方式的转变。教师依据学生学业发展情况，结合学生学习的风格特点，有针对性地制定辅导方案，在课程实施中助力学生成长。采用多种方式对学生、教师进行评价，如教师撰写个人总结、学生书写学期总结，对一学期的工作、学习进行自评。组织全体学生对教师进行评价、学生学情调查、学生成长档案互评等。针对教师发展，学校制定制度进行奖励，做到公正公平、有章可循，积极调动了师生的积极性。

B初中注重构建完善的学生整体评价体系，积极构建多元化的评价方式，展开了一系列不同的评价方式、评价标准的实践和研究。学校制定并完善了综合素质评价方案，为学生建立《学生成长手册》。综合素质评定方案涉及学期评定和毕业评定两个层面，注重过程性的跟踪；建立《学生成长手册》，通过自评、互评、师评、家长评价等评价方式，阶段性地记录学生的成长过程。在不同领域选择合适的评价方式，综合运用过程性评价与终结性评价。学校建立了学生德育层面的评价方案,如新生的行规养成方案、学校好少年、e谷好少年、美德少年、优秀学生、特殊学生等,还建立了学生学业成绩评价方案,两个层面的评价都注重过程性评价与终结性评价相结合。科学使用评价信息,并以此制定、调整教育教学策略。

为了全面推进素质教育,提高教育教学质量,学校制定了学生学业水平测评方案,对学生德、智、体、美、劳各方面进行全面评估。阶段性地开展备课组团队、班级科任教师团队间的质量分析,并根据阶段性的质量分析,调整下一阶段的教育教学策略。评价方式和内容关注特殊学生需求。对于一些在某些方面较特殊的学生,学校通过多样化的评价方式,建立针对心理健康特殊青少年的教育评价与支持机制、针对学困生的"暖先生"助学机制、针对身体残障学生的青少年教育机制、针对资优生的培养机制等,力求打造满足全部学生需求的评价体系。让学生在学习中、在实践中、在互帮互助中健康成长,综合发展。

第四章
走向卓越的"扬长率先"之路
——以非薄弱初中C、D、E校为例

非薄弱学校教学质量较佳,师生发展好,学校管理优秀,学校整体形象良好,各方面表现突出,社会和家长对学校的满意度高,在社会上有较高声誉。这类学校往往已经形成自己的学校文化,校园环境建设、制度建设和精神文化建设上都已经完成。但非薄弱学校必须通过新的变革避开发展的高原现象,进入新的高质量发展。经过研究调查发现,这些非薄弱学校往往是通过不同的路径走上"扬长率先"之路的。学校的变革具有复杂性,有学者认为学校变革的路径走向多样,共存互补。[1]基于学者们的研究和本课题的调查发现:"扬长率先"之路上,学校课程开发、特色建设和智慧教育已经成为当下非薄弱学校寻求高质量发展的最具可操作性和可行性的路径,本章将C初中、D初中和E初中作为案例学校进行阐述。

一、C初中概况

学校创建于1995年,学校现有教学班42个,学生2 300人,教师169人,学校获省"春蚕奖",市、区级名师,教坛新秀,学科带头人及优秀教师等荣

---

[1] 杨小微.全球化进程中的学校变革——一种方法论视角[M].上海:华东师范大学出版社,2004.

誉称号的有105人次，教育教学论文获省、市、区级奖的达600余篇。

学校锻造了自己的办学个性，培育和涵养了自己的文化气质，教学质量一直居全区初中数一数二。德育、教科研、科技、艺术、体育等各线实力雄厚，特色鲜明，是"浙江省体育特色学校""浙江省艺术特色学校""杭州市科技特色学校""区德育特色学校""区教科研特色学校"等，学校已成为区全特色学校，为学生的全面发展搭建了更高更广阔的平台。

学校以鲜明的办学特色和一流的教育质量，在区内外具有了一定的知名度和影响力。学校是"浙江省文明礼仪样板学校""浙江省Ⅰ类标准化学校""浙江省绿色学校""浙江省爱国卫生先进单位""浙江省现代化教育技术实验学校""浙江省示范家长学校""浙江省科研特色学校""浙江省健康促进银奖学校""杭州市文明单位""杭州市文明学校""杭州市德育工作先进集体""杭州市优秀心理辅导站""区一级初中"等。近几年，学校以课程、特色和现代信息技术为切入口，追求学校新的高质量发展。

二、聚焦特色发展——C初中高质量发展的实践

每位学生都应得到最大的尊重和关注、最好的发展，人们对学生个性化发展的诉求越来越强烈。C初中面向全体，关注每位学生，精细管理，精准教学，开发课程，项目化学习，使每位学生都得到最好的发展。

（一）学校大脑：改变学校教育生活

2020年区教育局决定为每所初中打造集精准教学、自适应学习、高个性化成长和精细化管理于一体的"学校大脑"，C学校作为试点学校率先启动实施。杭州建兰初中的"建兰大脑"作为省学校大脑建设先例，成为学校建设的样板。

"学校大脑"是用互联网的基础设施，对学校的教育教学无感沉淀，

图 4-1 "学校大脑"工作图

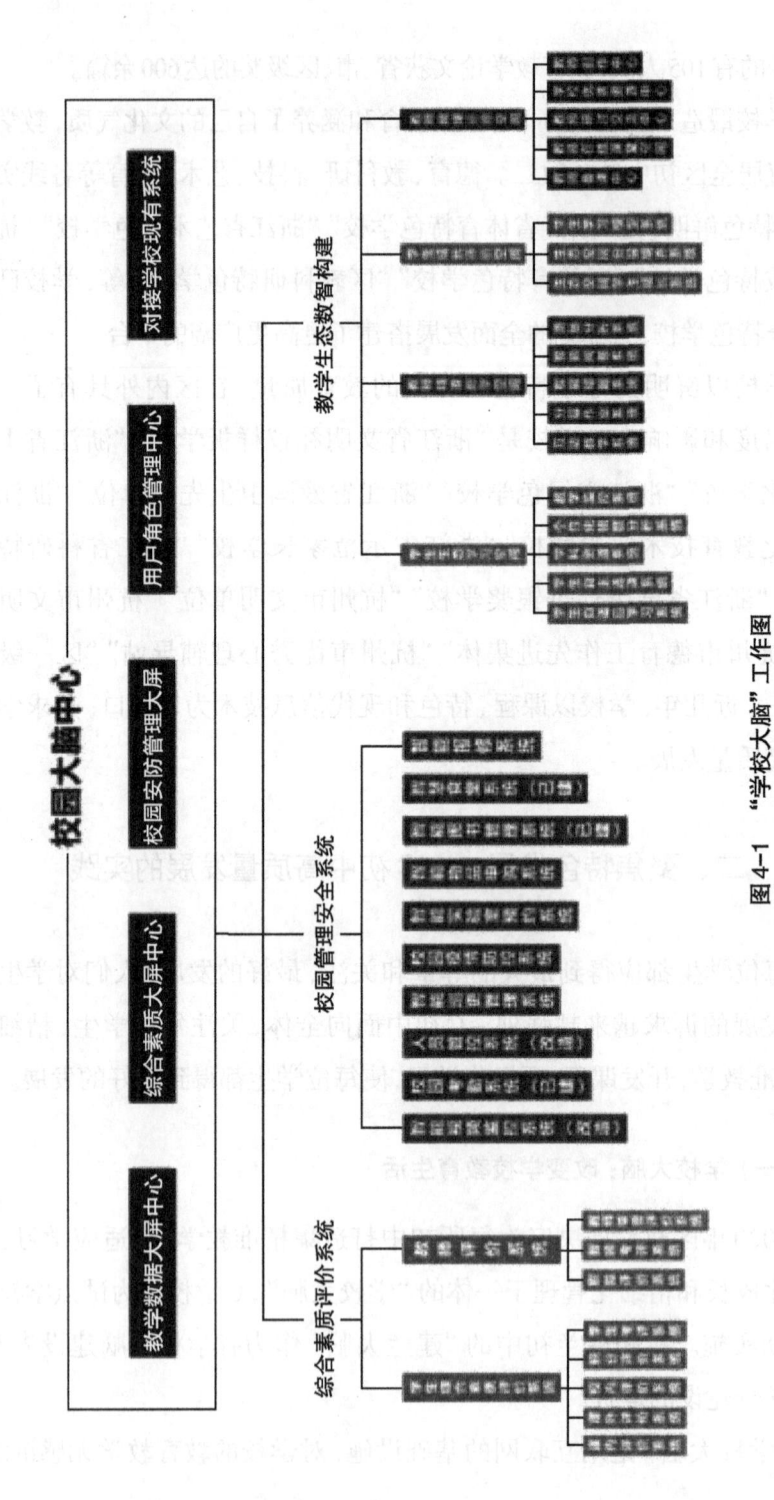

（编者注：作者在介绍"学校大脑"时多处引用屏幕截图，部分文字较小无法完整看清，但考虑全书完整性及其真实参考价值，故保留截图，仅供参考）

自动形成多维度的数据资源,即时分析和诊断、监控、评价和反馈并提供学习、管理等支持的人工智能系统。简而言之,学校大脑就是在沉淀、整合海量数据的基础上,通过全面精准的分析诊断,让"数据"替学生选、做题目,转变学生被动学习的方式,减轻学生的负担,提高学生的学习主动性和学习积极性,提高学习的效率和质量。"学校大脑"既面向全体学生,又适合学生的个性化成长的需要。

1. 建设"学校大脑"的目的

C初中希望通过"学校大脑"的建设,改变学校教育教学生活,形成具有初中特点的教学指挥系统助力学生学习,以个性化的服务提高学生的学习效率;形成具有初中特点的"适性发展"平台,及时、精准地把握学生成长状况,提炼培育核心素养的规律和决策点,构筑适合学生个性成长的环境;形成具有初中特点的教师培养系统,通过技术把握教师发展的动态,为教师打造个性化发展的路径;总结、提升使用的经验,为全区初中"学校大脑"的使用提供示范性样板。

2. 系统的基本框架

"学校大脑"系统分为后端、前端、展示端三个部分。

管理后端:学生考试后或完成作业提交后,教师可以在该系统中进行考试分析,了解学生具体知识点的掌握情况,优化试卷和作业的讲解。

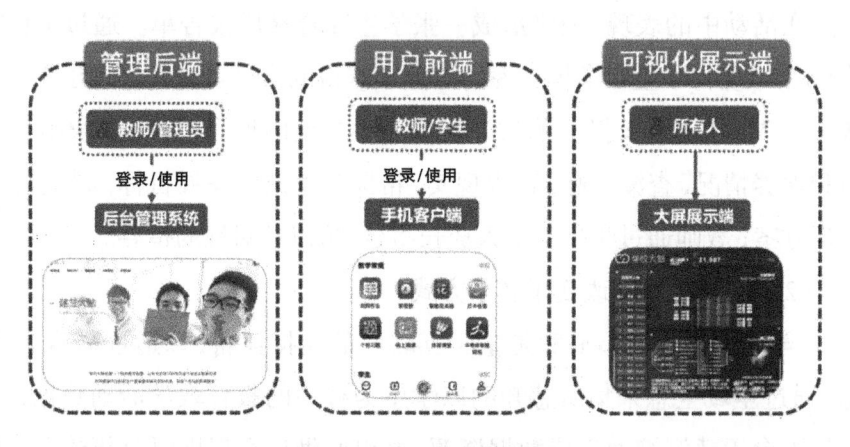

图4-2 "学校大脑"框架图

教师可以利用"智能阅卷"选择性地进行组卷,组成的试卷针对性强。教师在"实时课堂"可以查看到学生在课堂上所形成的多维度的数据,能通过分析,全面科学而真实地了解学生在课堂上的表现。

用户前端:重点知识点微课的制作和发布,教师可以在"码上微课"进行,教师还可以通过"家校册"与家长沟通交流。学生是在"学生日志"上传自己的作业,"学生画像"部分可供学生查看自己学习结果的分析,根据结果查漏补缺,及时调整自己的学习。

可视化展示端:学校的可视化大屏即"驾驶仓"中,可查看数据积累之后分析的可视化结果。可视化结果是动态变化的,学校的大屏显示通过班级日志点滴记录的平时学生的表现,根据不同的评估维度对学生进行多角度的综合评价,为学生健康成长提供个性化的可参考的数据。

3. 实践的探索

(1)"学校大脑"创新了德育方式

通过数据唤醒学生的自我意识,形成自我教育和反思的能力,引导学生自我唤醒、自我调整、自我超越、树立理想。学生成长状况结合学校德育培养目标,由学校开发课程,设计有效的活动,以活动为载体,让学生参与德育活动提高自身的综合素养。学校根据实时记录、评估、分析学生在活动中的表现,最终形成一张学生综合素质报告单。通过9个模块66个维度将学生在学校掌握的技能或修得的素养可视化呈现出来,形成学生"个性化成长报告单",帮助学生更加清晰地了解自己的知识、能力和素养情况,查漏补缺,正视现实,帮助学生调整发展目标,制定目标实现方案;教师通过学生的个人成长报告,施以针对性的指导。

(2)"学校大脑"改变了教学方式

"学校大脑"的小书童是基于互联网的支持设备,以适性教育为理念,通过全域全息采集所感知的以学生为核心的教育教学活动数据,经数据平台无感沉淀而组成数据资源,并以此做出全局即时分析诊断、即时评价反馈，智能化、个性化地提供学业自主辅助服务和大数据智能处理服务，从而形成一个提升学校教育教学治理、优化学校教学方式及评价方式的教育智能体。以大数据诊断为依据，小书童在课前、课中、课后不同时间段，为学生提供个性化的、精准的学习成长路径，引导学生改变学习方式，实现自适应学习。大脑的技术团队参与到教师教育和学生学习的过程中，使小书童的管理更科学精准。当前课堂教学存在个性化学习需求和大班额教学的矛盾，通过小书童可以实现规模化私人定制的学习方式。通过数据挖掘出学生学习路径，识别出学生有效的学习过程，推送适合学生的合理的学习资源，提高学习效率。任课老师根据系统提供的诊断报告，根据教学经验，优化和调整教学方式，更加精细化、更加高效地达成教学目标。

（3）"学校大脑"实现了多元评价

通过大数据分析和知识图谱技术手段的"学生画像"是学生多元化诊断评价系统，能精准地描绘出每个学生综合素养的数字画像。学生画像内容广泛、形式多样，操作及时、动态变化，每位学生在学校中生活、学习的点滴情况汇总成学生画像，帮助教师具体全面地了解学生的成长情况（包括日常规范图谱、饮食健康图谱、运动健康图谱、特长图谱等个性化图谱）和心理状况，实施适性教育。而学生了解自己的画像，有助于发现自己的特长，扬长补短。

（4）"学校大脑"助力教师成长

通过大数据分析和知识图谱的技术手段得出的"教师画像"，是教师发展性评价系统，是根据每位老师在教育、教学、综合素养等多方面的发展精准地描绘出的数字画像。设置教师教育教学行为数据个性化标签后，教师的教育轨迹以可视化的方式呈现，形成教师画像，教师根据画像分析自己的优劣势，有针对性地提升自我。教师画像数据平台分别记录校园活动、我的活动、申报活动、培训圈等4个板块的内容，形成教师的专业能力雷达图。教师画像数据平台的能力雷达图主要包括教师个人综合能力雷达图、个人单项素养细化雷达图、特定群体能力雷达图。通过3种类别的能力雷达图呈现从不同层面对教师个人、特定群体的诊断结果，助力教师研究素养、学科知识素养、教育能力素养、自主发展素养的提升，助力教师阶段性职业规划，助力榜样教师的传帮带，促进教师和特定群体核心素养的发展与提升。

（5）"学校大脑"提效学校管理

传统的学校管理中存在着不少缺陷，尤其在数据化的问题上，需要收集、存储和分析教育教学过程中的数据，但工具和手段途径缺乏；收集到的数据由于缺乏技术手段应用得不充分；收集到的数据零星、分散，管理者需要整体而系统的数据建构无法实现。依托学校大脑可视化技术建立的数据大屏即驾驶舱，克服了这些传统管理中的不足。庞杂的学校数据可以通过可视化的大屏来展示其整体性和系统性，以满足学校教育教学的监控、大数据分析、风险预警等多种工作的需求。它以大屏直观的方式即时呈现数据，增强了呈现效果，通过技术分析让使用者发现数据中隐藏的信息。数据大屏实现了数据驱动校园管理，不仅管理精细到师生个体，丰富到细节，支持和服务智能管理决策，并且帮助提示功能决策的效果。

通过学生学习数据计算出学生已掌握的、未掌握的、还需巩固的知识点，结合学科知识图谱，构建了一棵知识树，个性化地推送每个学生不同的作业。可以根据浙江省中小学教育质量监测中心指定的指标，通过数据分析，一周一次汇总分析、诊断学生在品德行为、学习品质、学业水平、兴趣爱好和身心健康等方面的发展情况。"学校大脑"深化了教师教研。学生学习过程的数据结合学科知识图谱，"学校大脑"分析校本作业，形成修订报告，依托修订报告，教师结合自己教学经验，精准快捷修正校本作业。通过"学校大脑"，作业、备课、考试命题等工作由经验走向数据驱动，实践的有效性和针对性得到提高，将大大提升学校的教研水平。

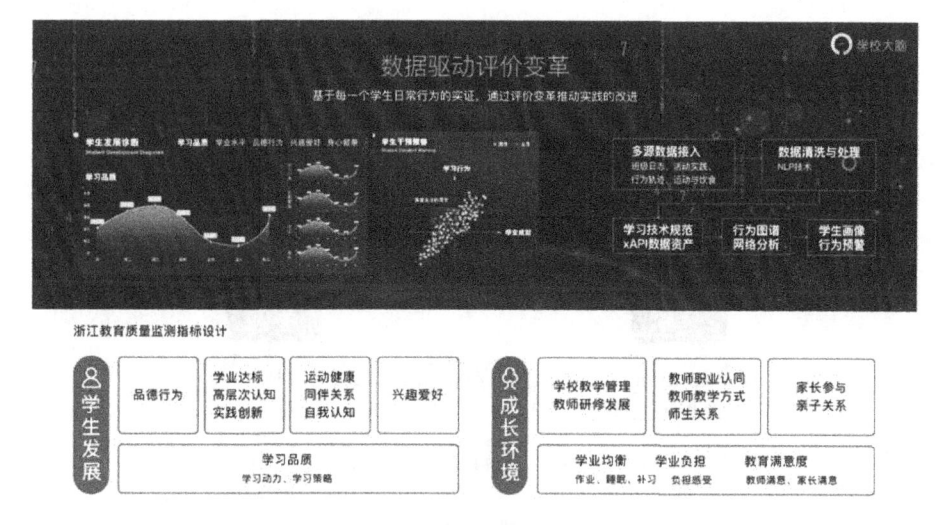

图4-3 "学校大脑"大屏

4. 实践的成效

学校实践"学校大脑"不足两年,实践的过程借鉴了其他校成熟的、成功的做法,也不断探索具有自己学校特色的功能的开发和运用,虽然还存在着不少缺陷和短板需要开拓和修正,但也已取得了一些成效。

"学校大脑"的最终目的就是促进学生学习的变化,提高教育教学质量和效率,学校得以高质量地发展。学生从不会学习走向了学会学习,从被动学习走向了主动学习,从过度学习走向了深度学习,不仅提升了学生的学习力和学习效率,还让课堂充满活力,构建了新型的师生互动关系,提高了教学的精准性、自主性和学生综合素养。"学校大脑"也助推了教师教学方式的转变和信息运用水平的提升,助推了教师的成长。

(二)优化课程:丰富学校教育内涵

C学校认为优质学校的核心竞争力是课程,是学校为学生铺设的自我成长的"跑道"。在"双减"背景下,学校坚持立德树人、五育并举,将拓展课程与课后托管服务有机地融合起来,整合校内外的优质资源,充分利用已有的师资力量和设施设备,尊重学生个体的丰富性和独特性,主动和高中多样化的课程相呼应，找到适合每个学生的培养路径，开设以"追寻适合每一个孩子的教育"为宗旨的60余项ITTA动态多样化课程，促进学生全面而个性化地发展。

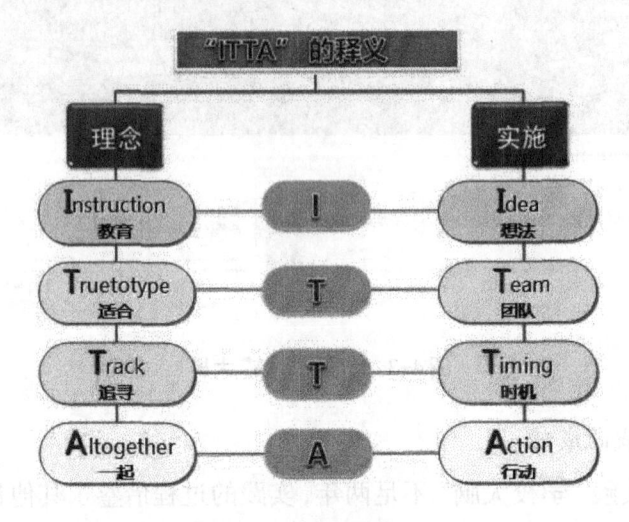

图4-4　ITTA课程释义图

ITTA课程以学生个体成长需要为中心，构建基础课程和拓展课程两个模块，三大课程开发依托主体，设置四级课程目标和五大课程序列。学校课程的开发依托有想法、有特长、有意愿的教师、学生、家长及有关社会人士，使课程开发的主体更多元，学校课程的丰富性成为可能。学校课程设置品德、智识、能力和个性为四级目标。课程的品德目标是指培养学生的个人素养和社会公德，课程的智识目标指向国家课程标准规定的学习内容和学习能力，课程的能力目标是指培养学生能力的延伸拓展，课程的个性目标是指课程促进学生的个性发展。通过课程的实施，学生涵养品德，掌握知识，提升能力，发展个性，最终成长为全面发展而又有个性发展的人。学校拓展课程以思维与探究、语言与阅读、德行与实践、审美与艺术、运动与健康等为主的五大课程序列，五个课程序列下有10个课程群，10个课程群包含了60多门课程。

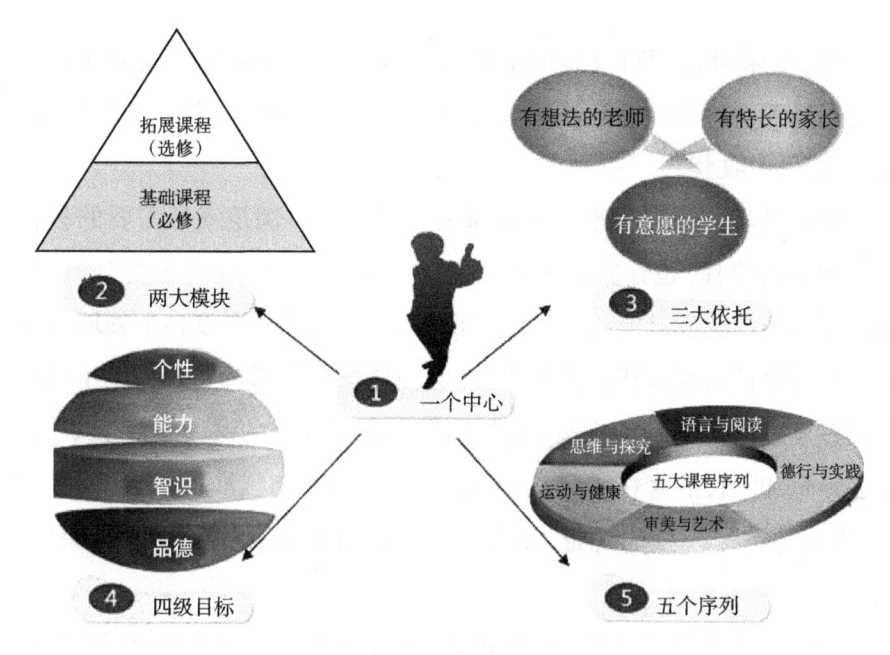

图 4-5 学校课程结构图

1. 课程的主体

学校课程开发的关键是教师,学校搭建校本研修平台,带领教师领悟课程相关理念,提升课程开发的能力,积极推进教师教育研究穿越课程边界,从学科的"孤立"走向"融合",实施跨学科综合育人,教师始终站在教育改革的前沿,自觉成为课程开发的主体。教师成为课程的开发者是从基础课程的研究、学校管理工作、兴趣特长等自我分析入手,找到自己感兴趣、学生需要、适合开发的课程,如3D创课课程、NOIP信奥课程、太空探测课程等多项课程,均由学校教师自主研发并实施。教师也在课程开发的过程中不断学习,不断提升自己的业务能力。

学生是课程的主体,表现在所有课程的开发都是基于学生的需要,也表现在学生是课程开发的参与者。课程脱离了学生的需求,就脱离了课程开发的本旨。学生的需要来自学生学业学习的差异化、个性化的需求,来自学生个体生命健康成长的需求,来自学生适应当下和未来生活的需要，也来自他们对理想的追求等。有一技之长的学生成为课程项目的开发者，他们在课程开发的过程中学习，在学习中体验，在体验中感悟，在感悟中收获。

家长是学校教育的重要组成部分。学校既有满足家长需要的教育子女相关的课程，也让家长成为课程的开发者。学校通过家委会、家长学院等途径广泛发动家长参与学校课程开发，鼓励和激发各个领域有专业特长的家长对课程开发的热情，形成家长、学生、教师为合作小组的课程开发互助共同体。由家长、教师和学生共同开发的课程项目众多，并深受师生和家长的喜欢，如学校大讲堂、雏鹰万花筒、健康1+1、少年理财等，课程丰富了学生的视野，培养了学生创新素养，提高了"生本课程"质量。

当学校的资源无法满足学生的需求时，学校充分挖掘和利用社会课程资源，通过社会名人专家来助力课程的开发和实施。引入的课程更专业，更有趣味，更受学生喜欢，更能促进学生的成长。如聘请国家级的专业运动员开发"专业赛艇"课程；借助科技公司的力量开展人工智能课程；推进劳动实践课程，请民间工匠开发"老底子"课程、园林&花艺设计等课程。社会资源的课程既让学生传承了本土的传统文化，也让学生触摸到了现代社会的高速发展，打开了学生的梦想之窗。

2. 课程的内容

学校开设的课程均以促进学生的发展为宗旨，来自学校的仪式、学生社团、学生的活动、学科的拓展、学生的生活等。共有思维与探究、语言与阅读、德行与实践、审美与艺术、运动与健康等为主的五大课程系列。思维与探究系列是基于数学、科学学科的拓展课程，语言与阅读系列课程是基于语文、英语、社会等学科的课程，德行与实践主要是学校德育管理和劳动实践课程，运动与健康课程主要是学生体育特长类和休闲生活课程。系列课程下有10个课程群，10个课程群包含若干课程，共有60多门课程。课程指向学生的核心素养和个性化发展，让每一个孩子都能找到适合自己的课程。

学校课程确立后是课程的开发和实施,课程开发的质量和课程实施的好坏直接影响到课程目标的实现和课程后续发展的生命力,因此,课程的开发和实施是学校课程建设的重点和关键环节。C学校60多门拓展课程,这些课程建设在不同的课程群里,每门课程开发皆由团队和课程负责人组成,新的课程文本成形后,由开发负责人在全校教师前阐述,经专家团队和教师评议后确定课程是否实施。

3. 课程的评价

时代的发展、学校的发展、师生的发展注定了学校课程的动态化发展,基于学生发展的需求和社会发展的需求,课程适时在调整。调整表现在课程的增删上,表现在课程内容、课程实施和评价的修正上,还表现在上课教师和学生的改变上。学校课程的动态发展赋予了课程更丰富、更完整的内容,也赋予了课程更大的活力。学校的课程的评价是多元多方位的,评价课程、评价施教者、评价学生都是课程评价的内容,参与评价者是老师、学生、家长和来自"学校大脑"的数据,评价的多元和多方位使课程更趋完善和科学。学校每年会评出精品课程给予开发者和施教者以肯定。为更好地落实课程管理,优化课程评价,更加全面客观地评价学生素养,学校实行"100+x"的评价方式。100是各课程的基本分,"x"是素质加分。在智慧校园建设的背景下,"学校大脑"的试行下,学校正着力改进评价体系,实施跟踪型动态评价、反思型自我评价、对比评价相结合,以学校大脑为载体,记录学生学习生活点滴,拓展评价空间,推进学生个性发展。

(三)项目化学习:显现学校教育气质

"特色课程化,课程特色化",学校融合特色和课程建设,使二者相得益彰。学校"印象湘湖"课程群建设和项目化学习课程的开发是学校课程建设的两大特色。

1. 项目化学习课程

（1）项目化学习的背景

学校虽然构建了以"追寻适合每一个孩子的教育"为宗旨的ITTA动态式校本课程体系，但知识更新速度增快，教育价值取向转变，所以必须实现国家课程、校本课程、地方课程的无缝对接，使整个课程体系更系统，有序而完整、科学而高效，提高课程的张力、实施的效率以及学生的学力和综合素养。学校通过"项目化学习"达成这个目标，使统整后的项目课程成为学校课程发展图景的有机组成部分。项目化学习（project-based learning），简称PBL，是指围绕某一个具体的学习课程，学生在老师的指导下，以小组合作的方式进行项目设计的实际操作，小组成员共同搜集课程资源，开发课程内容，综合运用所学知识和技能，获得较为深刻的知识和技能。

（2）项目化学习的实施

项目化学习课程设计时以学生为最终落脚点，适应学生、贴近学生、满足学生。既要紧贴生活，走出校园、走进社区、走进大自然，让教育回归生活，又要面向世界，面向未来，帮助他们顺利扣好人生第一粒扣子，与国家和民族的前途命运连接在一起，用实际行动践行新时代中学生的责任感和使命。

学习共同体是学校课程推进的重要基石，因此，首先必须建立课程项目化学习共同体。建立项目化学习共同体最为主要的目的是营造一个系统的学习环境，学习环境给予共同体成员帮助和支持，共同体能帮助有效地达成个人和共同体发展的目标。

项目化学习任务巧妙地隐含了项目化学习课程的课程内容，明确的、具体的、可实施的任务驱动学生不断探索，不断体验成功。任务的设计把教材内容和问题情境相匹配，在学生最近发展区设置任务，提高学生学习内驱力。随着任务的达成，学生在享受成就感的同时培养出独立探索、乐观进取的能力和精神。

项目的设计从阐述项目产生的背景信息和动机因素开始，让学生知晓学习目标,提高他们学习的兴趣。基于问题设计任务是整个项目化学习的重要一环,问题是根据课程学习的任务,对教学知识补充和拓展,或是从书籍中获得。依据学习目标确定学生学习的任务,设计的任务要具有挑战性。

根据项目化学习的课程计划,小组成员采用自主和合作学习、文献检索等方式,分析研究项目内容,并通过提出假设、验证假设等策略获得初步的活动成果。根据研究内容的类型制作作品,制作的作品要符合活动主题,反映成员的独特体验和收获。可以是制作实物成品或者模型,写调研报告、提出建议、做出数据统计等。制成的作品可以通过演示、答辩等方式进行交流。需要有一套评价标准对项目化学习进行评价,根据学生所呈现的项目成果等来判断学生所体现出的能力、创造力的发展等概况,课程评价主要考查学生的核心素养。

(3)项目化学习的评价

项目化学习的评价发生在学生项目学习的所有时间、所有活动中,贯穿于课程的始终,是行动的坐标,具有重要作用。项目化学习评价主体是多元化的,有学生自我评价、学生相互评价,教师评价、家长评价和社会评价;项目化学习评价的方式是多样化的,有目标评价、计划评价、过程评价、诊断评价和成果评价。将项目情境、项目过程以及学生表现融为一体,以多角度、多形式的评价激励学生展现能力和特长,增强项目化学习的创造性。

(4)项目化学习的案例

表 4-1 案例 1:实践性学习项目之桥梁设计

项目实践	设计:未来的桥
前期准备	1. 桥梁有哪些种类? a. 梁式桥　b. 拱形桥　c. 斜拉桥(索拉桥) d. 桁架桥　e. 悬索桥

（续表）

项目实践	设计：未来的桥
前期准备	2. 为什么有这样的设计？ 原因解释：人、车辆等通过桥梁时，桥面会弯曲，如果桥面弯曲得越厉害就越会发生危险。同样的材料，同样的厚度，桥的跨度越大，越易弯曲。为防止桥面过于弯曲，可采用不同的方法帮助桥面承担重量。 3. 建桥的材料及性能。 材料的选择主要考虑如下方面：(1) 材料是否易得？(2) 成本有多少？(3) 防火及防腐蚀性如何？(4) 是否坚固？ | 材料\特性	石头	木材	混凝土	钢铁
---	---	---	---	---
材料是否易得	易	易	较难	较难
成本	低	低	较高	高
防火及防腐蚀性	较好	低	好	好
坚固度	较高	低	高	高	
目标定位	1. 应用结构设计的方法，加深对结构稳固性内容的理解。 2. 通过亲历桥梁模型的制作过程，体会结构设计的全过程。 3. 培养运用结构基础知识的能力，以达到提高动手意识的目的。
设计流程	/
学生操作	桥梁模型制作：自己设计并制作桥梁模型，地点：学校木艺教室。 要求：制作一个主桥面长50cm的木质桥梁模型。桥的总质量不能超过250g。 材料：木板、尺子、绳、锥子、锤子等。 评价标准： (1) 桥梁的坚固性(可以用桥面上放重物的方式)。 (2) 造型是否美观。

表 4-2 案例 2：《自制吸尘器》的科学拓展项目化学习设计

寻疑：提出问题	设计意图
教师出示吸尘器，问学生是否认识？ 课堂调查家里是否有吸尘器，家里是否使用过吸尘器。 学生体验使用吸尘器。 教师提出问题：今天我们在课堂上来制作一个简易的吸尘器，大家有没有兴趣，需要怎么制作呢？	学习与生活密切相连，创设与项目教学主题相关的学生欲知、欲得、欲进的生活情境，通过生活经验，使学生身临其境，获得项目知识探究的真实感与亲切感，增强项目探究的兴趣和动机。
释疑：原理认知	**设计意图**
根据已学知识和同学的现场使用，说说吸尘器的工作原理。 吸尘器的工作原理是电动机高速旋转，带动风扇向外排风，从而在吸尘器内部形成负压，在大气压的作用下，最终在口子处产生吸力，纸屑、灰尘等物体被吸入吸尘器内部。	学生根据头脑中已有的知识及实际体验，分析吸尘器的工作原理。教师适时答疑解惑提供指导，及时"推波助澜"，推动学生探究。
探疑：模型构建	**设计意图**
为了能顺利做出吸尘器，我们已经知道了吸尘器的工作原理，现在有必要再了解吸尘器的结构。可是这个吸尘器一时又难以打开，同学们根据学过的知识，先建构一下内部可能是怎样一种结构，每部分的结构的作用是什么。画在学案上。	学生建构吸尘器结构，充分发挥想象力，运用作图能力，活跃思维力。建立主动探究的空间，深化学习。
析疑：模型构建	**设计意图**
1. 固定电动机，安装螺旋桨。 2. 将电池盒上的导线连接到电动机的两个接线柱上。 3. 矿泉水瓶去底后，将电动机固定于矿泉水瓶内，注意将螺旋桨置于瓶内正中间。 4. 装上或设计过滤网。	学生小组合作，学生在掌握知识的同时学会探索生活，认识到科学来源于生活，又服务于生活的道理。

（续表）

析疑：模型构建	设计意图
邀请完成作品的小组向大家展示自己的成果，师生互动评价（从实用、坚固、美观、方便等角度）。	学生演示小组作品，通过相互评价思考制作进步的空间，并延伸至其他工具的科学解释。
留疑：评价延伸	设计意图

2. 印象湘湖：学校特色课程群建设案例

"印象湘湖"特色课程群的实施是以学校时空为核心，湘湖文化为资源库，辅之以家庭和社会时空的补充。学校"印象湘湖"特色课程群建设从湘湖"历史、文学、生态、艺术和国际"五大领域进行校本化开发与设计，是基于学生学习发展的需要而丰富校园文化资源，是基础性与拓展性在内容上的适性融合。"印象湘湖"拓展性课程群建设是弥补基础型课程在学习目标达成上的短板，是基础性与拓展性在目标上的适性融合。

（1）"印象湘湖"课程群界定

"印象湘湖"是学生综合素养培养的有效载体，它充分利用学生熟悉的湘湖文化，打通学校与社会、课堂与课外的联系，学生可以在湘湖校园固有文化学习的基础上，接受湘湖地域文化的拓展熏陶，不断演绎湘湖文化学习的成长故事，做湘湖的精彩学子，做湘湖地域文化的探寻者、触摸者、印象者、传播者。

"印象湘湖"特色课程群以学校师资为核心团队，辅之以学生骨干型、家长技术型和社工专业型导师，组建成拓展性课程群最全面、最优化的教学师资团队，从而使课程群的实施能从学校的师生走向家庭的亲子学和社会的公益学,从局限的校本资源走向开放的社会资源,从学校的局限时空走向社会的无边时空,让课程群的实施为学生提供更为生本化、结构化、整合化的"师与资"的适宜性导学体系。课程群主要设置了"湘湖历史""湘湖文学""湘湖生态""湘湖艺术"以及"湘湖国际"五大项目化学习课程,让学生亲历了解湘湖历史,自觉保护湘湖生态环境,积极关注家乡面貌变化,一起传承湘湖人文精神,培养学生社会参与与自主发展能力,让学生在"印象湘湖"特色课程群学习的过程中,呈现个性化成长样态。

(2)课程目标

围绕学校"二自三发展"育人模式,把"传承湘湖文化"作为课程群开发的思想灵魂,实现具有"意义生长""时空存在"和"生态效应"的校本地域特色"印象湘湖"拓展性课程群实施样态,建构师生适性管理的六大行动。

(3)研究的内容

"印象湘湖"课程群包括了五大领域:

① 研究湘湖历史,包括湘湖发展历史、湘湖历史名人、有关湘湖的典故等;

② 研究湘湖文学,包括历代湘湖作家及其作品、描写湘湖的作品等;

③ 研究湘湖生态,包括湘湖的动植物、气候、保护湘湖的措施等;

④ 研究湘湖艺术,包括湘湖音乐、舞蹈、美术等;

⑤ 研究湘湖国际,包括湘湖的国际交流、湘湖的国际宣传、湘湖的涉外小导游、湘湖的游学课程。

图4-6 "印象湘湖"课程群

五大领域下有许多子课程,每个子课程的教学目标既要参考总目标,又要体现课程自身的特点,还要体现学生年龄特征,力求做到目标适宜、适趣、适行。"印象湘湖"特色课程群部分子课程的目标设计参见表4-3。

表4-3　"印象湘湖"特色课程群部分子课程的目标设计明细表

课程名称	教学对象	课型	教材来源	课程目标
湘湖石趣	七年级	艺术类	创编	1. 结合湘湖文化,学习如何画好线稿,获得平涂效果和立体效果,从简单的小练习,逐步涉及美术中的平面构成、色彩构成、立体构成; 2. 完成综合材料搭配及绘画作品的制作。
湘湖微影	七~九年级	实践类	创编	1. 通过手机微影,引导学生了解、搜集、传承湘湖文化,激发学生学习兴趣,培养学生爱祖国、爱家乡的情感; 2. 学会"微查、微拍、微研、微写、微展、微评"等技能的整合,进行湘湖文化的追寻,培养学生综合实践活动学科研究性学习能力,发展学生的核心素养。
湘湖故事	七~九年级	实践类	改编	1. 调查、研究、感悟湘湖传统文化; 2. 学会欣赏经典诗文,拜访湘湖名人; 3. 改编湘湖故事,游学考古; 4. 湘湖经典故事的剧本创作和排练。
湘湖问锄	七~九年级	实践类	改编	1. 通过自主参与研究湘湖一年四季蔬菜的活动,获得亲身体验,亲近并探索自然; 2. 学会观察,写好观察日记,通过活动,对植物生长过程有一个初步的了解,能认识一些常见蔬菜。
湘湖传媒	八年级	实践类	改编	1. 通过信息技术手段,把湘湖有关的文字、图片、声音、视频等材料进行进一步加工美化; 2. 让学生体验湘湖的魅力,感受湘湖的文化特色,热爱湘湖。
湘湖插画	七~九年级	艺术类	改编	1. 让学生能够用文字描述自己喜欢的事物,并且能够以卡通和水彩等的形式将文章的精彩部分以插图的方式表现出来,增强对文章的理解和想象;

（续表）

课程名称	教学对象	课型	教材来源	课程目标
湘湖插画	七～九年级	艺术类	改编	2. 让学生了解和掌握熟练的绘画表现技巧，能熟练掌握各类人物、景物的画法； 3. 通过实地的人文考察，能运用摄影、写生的手段记录湘湖的经典故事。
城山武学	七年级	体育类	创编	1. 了解抱拳礼与武德的内涵，日常武德规范及要求，咏春拳的历史源流，习武人的基本精神； 2. 通过练与学，能够初步掌握咏春拳的基本动作和对练。
湘湖气象	七～八年级	实践类	改编	1. 了解和普及气象知识，会把气象知识运用到生活中去； 2. 根据气象知识结合湘湖菜地了解农作物播种、养殖、收获与气象的关系； 3. 利用身边材料制作观测天气现象的简单仪器并学会测量；会利用标准温度计、风向仪等仪器测量气象数值，养成持之以恒的科学态度。
湘湖印记	七～八年级	艺术类	改编	1. 让学生从学习中了解篆刻历史知识，帮助其在学习过程中学会观察、分析、欣赏； 2. 带领学生观摩历代各种印章的优秀作品，提升学生的艺术修养和审美观； 3. 引导学生对篆体字激发兴趣，提高学生篆刻的动手能力。
城山舞韵	社团学员	艺术类	选编	1. 了解拉丁舞、民族舞，学习各种舞技； 2. 结合湘湖文化学会舞蹈创作展示等。
湘湖植考	七年级	实践类	改编	1. 认识湘湖边植物的名称、生存条件、特性； 2. 培养学生收集资料、整理资料的能力； 3. 培养学生探究湘湖植物的兴趣。
湘湖诗韵	七～八年级	实践类	编改	1. 结合湘湖文化，学会诗词欣赏、学会诵读、学会创作，激发学生的写作兴趣，养成良好的写作习惯，增强学生的写作信心； 2. 编排节目，通过节目，让孩子在游戏过程中用自己的语言写下最纯粹的文字。

（续表）

课程名称	教学对象	课型	教材来源	课程目标
湘湖导游	七～九年级	实践类	创编	1. 全面深入挖掘语言元素，进行个性化的语言、声音创作； 2. 在语言实践中更好地培养语感，掌握说话、演讲、主持、讲解、朗诵等不同形式语言表达技巧以及在表达过程中展现声音、礼仪等； 3. 与跨湖桥博物馆合作，培养"我是校园讲解员""我是湘湖讲解员"。
英译创作	七～九年级	实践类	购买	1. 结合英文绘本及阶段阅读特点，探索适宜于中学生英语阅读的教学设计； 2. 结合湘湖文化进行英语剧本创作和表演，切实培养学生英语阅读兴趣、习惯和交流能力。
湘湖问厨	七～九年级	实践类	购买	1. 引导学生积极参与家务劳动，掌握最基本的现实生活所必需的一些厨房技能，学会烧一些家乡菜； 2. 初步形成健康、进取的生活态度，自觉服务他人。

（4）设计的结构

"印象湘湖"课程群将"湘湖文化"融入综合实践活动，分三条主线和五大领域。其中三条主线：学生与自然的关系，即传承湘湖文化；学生与他人和社会的关系，即热爱家乡和保护环境；学生与自我的关系，即学会研究性学习。五大领域：历史领域——学生通过"寻、讲、游、行"等主题实践活动考寻湘湖历史；文学领域——学生通过"绘、吟、感、传、写"等主题实践活动探寻湘湖文学和书写湘湖；生态领域——学生通过"考、观、研、算"等主题实践活动解寻湘湖形成的原因，保护生态的策略；艺术领域——学生通过"画、篆、漫、律"主题实践活动追寻湘湖艺术；国际领域——学生通过"译、导、演、推"等主题实践活动传播湘湖经典。这五大领域的课程开发与校本学科拓展相整合，指向了学生的核心素养，既有学科的核心素养的指向,如文学与语文、国际与英语、信息技术,也有历史与地方、品德、生态与数理科学、劳技、艺术与美术、音乐等,拓展的素养如人际交往等。

(5) 课程的实施

"印象湘湖"作为一门综合程度最高的特色课程,学校根据校本实际,统一规划实施教师的走班课程,让老师的课程实施中有时间、空间和内容。"课题、课堂、课型、课程"研究生成式课程搭建。"印象湘湖"特色课程群校本化设计是一项与各学科课程有着本质化区别的全新的课程开发工作,是学校基于国家基础课程之上的特色化课程群建设,是对基础教育课程体系的结构性突破,对传统的教育模式提出的挑战。

"印象湘湖"特色课程群校本化设计是基于学生、教师、学校本位的二度开发,为学生设计,让教师有机会在专业发展的道路上不断找到适宜自己成长的专业项目。

"印象湘湖"特色课程群以实践活动为主要教育形式,强调学生的亲身经历,要求学生积极参与到各种活动中去,体现学生活动的自主性、实践性,引导学生开展丰富的实践活动,帮助学生学会发现、学会探究、学会实践,超越单一的书本知识学习,引导学生自觉地把直接经验学习和间接经验学习相结合。

(6) 保障机制

"五微行动"师训项目,即微讲坛、微课题、微评价、微课程、微创新五大师训行动,是课程群建设与实施保障课程群资源建设、课程教学交流、课程故事传递、课程研究深入以及课程创新优化保障互动提升的平台。

学校与周边杭州乐园、湘湖研究院、湘湖跨湖桥博物馆、休博园科技馆等教育资源丰富的社区机构建立教育合作机制,保障课程群建设与实施的空间、师资、资源的充足。

经费保障机制。学校利用教育局每年的精品课程专项经费申报制,实施重点课程重点帮扶,确保资金重点落实,其余课程学校保障材料经费与场地建设的统筹安排的运行机制。

评价激励机制。学校利用集会交流、集团论坛、校外讲座、教学展示、课程评比等方式，对课程群建设中的教师与学生进行学期总结性评价，鼓励师生积极参与课程群的实践体验，丰富校内外拓展学习经历。

(7) 实施成效

"印象湘湖"特色课程群校本化开发实施创新了学生的成长样态。"印象湘湖"拓展性课程群校本化开发，是基于已有课程标准与教学资源的前提下，结合学情、师情、校情的典型性、特质性，进行的教学资源再设计与创新行动，学生能依据自身的特长与兴趣爱好，自主地选择参与到课程的教学过程中，学生不再拘泥于传统课堂时空与资源，学校、家庭、社会资源实现了三元一体化建构。"印象湘湖"特色课程群校本化开发实施拓展了教师的专业成长途径，教师结合学情与校内外可利用资源，发挥自身的教学专长，设计开发符合学生兴趣的拓展性校本课程，既增强了教师课改的意识与责任感，也提升了教师国家课程校本化再设计的能力。"印象湘湖"特色课程群校本化开发实施促进了学校的课程品牌建设。

三、D初中和E初中高质量发展的实践

(一) 寻常路上有卓越：D初中的得天独厚

D初中是创办至今不到8年的城区学校，无论硬件还是软件在区域内都是屈指可数的。学校良好的发展态势，既体现在教师业务水平高、教学能力强、教师高水平高质量的发展上，也体现在学生学业成绩优秀、个性化发展充分上。新学校、知名老校长、优秀师资和生源，都使得学校的发展有着得天独厚的先天条件。调研D学校的发展时笔者发现，该校建校之始是以确立"扬长率先"的发展之路，施以学校的优秀文化建设和打造优秀教师团队等策略，增强教师对学校的认同和归属感为主要目的。发展平稳

（编者注：本书基于作者2022年的毕业论文，故文中所涉时间周期未予更改，请读者了解。）

后,基于高效率、个性化和特色化的发展为主要趋向,学校施以课程和特色建设。D初中路径选择后,不同发展阶段选择不同的策略,论证了发展起点不同选择策略不同的必然性和必须性。而E初中12年的发展历程更加清晰地显示了学校走出薄弱的崛起之路和走向卓越的率先之路。

(二)薄弱—优质—卓越:E初中的崛起和超越

E初中于2010年8月由所在镇的两所初中合并而成,学校地处非常偏远,被称为所在区的"西伯利亚",当时优质生源和优秀教师流失非常严重,是初中学校里的"困难户""落后生"。然而合并至今12年,学校不仅摘掉了薄弱学校的帽子,还成为了区优质学校。学校的教师成长快,学生学业成绩优秀,得到家长和社会各界的高度评价。E初中12年的发展史可以分三个阶段:突破期、稳定期、再突破期。同一所学校发展起点不同、发展目标不同,选择的路径不同。

1. 突破困境:文化和规范

两校合并的初中,其不同学校文化的融合需要时机和时间,文化融合的过程是以较长的时间成本和隐性的资源为代价的,最好最有效的办法是快速创造一种新的主流文化。基于此,E初中合并之始,结合所在区域的地域文化——"勤劳勇敢的"围垦精神,提出了"肯吃苦、甘奉献、勇担当"的学校价值取向,并以校长带头践行一种承诺"守好土、履好职、尽好责"。学校创业文化确立后,通过各种途径和媒介内化为学校内所有人的价值取向和行为指引。狠抓教师的教学常规和学生常规,规范了教学行为,经营和强化了学校文化,成为学校破解难题、摆脱困境的捷径。一年后,师生工作和学习面貌有了极大的改变;两年后,教学质量提升明显;三年,学校晒出了优秀的成绩,成为区域内的"黑马"。E初中所选择的突破路径也是大多数学校发展的路径,但效果各不相同,关键在于学校文化的真实存在性,人们习惯的思维方式和处理事务方式的不同。学校文化关键在于校长,校长的魄力、感召力在学校的发展中是关键力量。学校文化是学校发展的根和基石，只有建设好优秀文化，才能规范化办学，才能高质量发展。

2. 优质发展：效率优先

凭着勤奋、辛劳、奉献的精神和行为方式，E初中脱"贫"走上了"富裕"的道路。要更加可持续地优质发展，关键还在于效率。"肯干+巧干"才能促使师生和学校更加优质地发展。巧干即能干，高效率地干。学校以提升教师教学水平和班级管理水平、学生学习能力为主要途径来实现"巧"和"能"。通过教研活动不断打磨课堂，外引名师介入来提升教师教学水平和班主任管理水平。教研活动的开展方式与前面的A学校有所差别，定时、定人、定地点、定内容的扎实教研，教师成长快速，课堂更显活力。合并后的5年时间里，培养了一名市优秀教师、3名市教坛新秀和14名区教坛新秀。3年来，有40余人次执教区级及以上研讨课，119人次的论文在区级以上获奖或发表，108人次在区级以上业务竞赛获奖，为学校更加高质量发展助力。合并后的3年，学生各项成绩在学区片已处领先，5年后，位于区前列。

3. 率先超越：特色和课程

学生的考试成绩是评价学校的必然点，但不是关键点。学校面向全

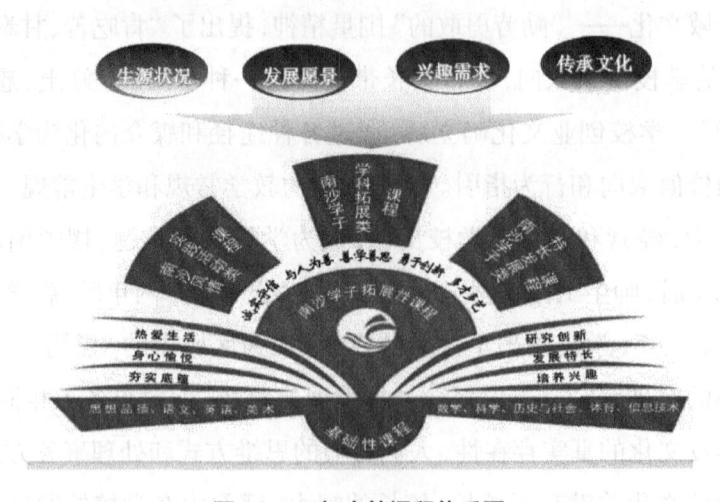

图4-7 E初中的课程体系图

体的课堂教学取得了优秀的成绩,尊重学生个性化发展的课程亟须学校的关注和开发。优质学校间的差距在于课程建设的精深和学生在课程上获得的发展。合并第三年,学校提出"行方智圆、至善至美"的校训,依托围垦地域资源,合力合理挖潜,着力建设特色化和多样化的课程。开发学校的特色课程,把学校的课程做出特色,E初中着力于课程建设三年,最初的是基础性课程+学科拓展性,当前更加丰富了课程。

第五章
初中高质量发展的路径研究

从实践和调查中发现,学校发展的具体状况、资源配置等的不同,高质量发展选择的路径就有差异。案例A、B初中曾作为薄弱初中均以"教学质量提升"为发展主题,但A初中无论是文化建设还是教研组和常规管理创新均指向发展要素之一——教师;B初中教学质量的提升则更多的是关注学生的学习;C初中把个性化教育作为学校发展的特色,其中实施了精准教学;E初中曾作为薄弱校提升教学质量,也实行了精准教学。它们走了不同的路径,然而采用的策略相仿。可见,路径的选择往往和学校薄弱与否无关,而和学校发展的实际状况有着最紧密的联系,和所处的环境支持系统相关。现笔者对初中高质量发展的路径和支持系统做如下阐述。

一、初中高质量发展的路径

学校发展的路径是在学校发展过程中形成的,具有复杂性,是非直线的。学校发展的起点和终点都是阶段性的,此时的起点是彼时的终点,未来的终点将是下一个发展的起点,因此,把学校发展路径作为研究对象时,是择取学校发展过程中相邻两个目标或者说发展阶段作为研究的关注点。比如对文中案例学校的路径研究,是把2017年8月学校发展状态作为研究的起点,把2022年1月学校的发展状态作为研究的终点,对它的发展、演化过程做主动研究。而对学校发展路径的认识是通过对路径生成过程的反思、概括、提炼和展望而形成的。

对案例学校路径研究的过程中,通过文献、调查、谈话和实地调研,找到研究学校发展的起点,起点承接的历史传承、遗留陋习和可能的发展。是在具体把握和认清学校现实基础和基本现状的基础上,探寻学校以此为起点达成发展目标和基本任务的发展路径。初中高质量发展的过程也是学校自我认识和规划、提升和突破、达成和再出发的过程。通过调查和研究,当前学校高质量发展主要有以下几种路径,"有法而无定法",发展路径亦以采用不同的策略达成发展目标。

(一) 文化建设

学校文化重建是薄弱学校改变现状走向优质的重要环节,是实现学校目标创设的基础环境。如果没有支持和重视学校文化的重建,仅凭文本变革为标准的学校改革很难取得成功,重建学校文化对于薄弱学校的变革尤为必要。哈格里夫斯和富兰指出,文化的变革是影响教和学的重要因素。积极的学校文化使教师的生产力和满意程度、学生学业成就和动机等方面明显变化,教师群体和学生工作、学习的热情发生变化;相反,非常消极的学校文化就会抵制变革,阻碍教师和学生走向成功。共同的发展愿景、明确的任务陈述和全校范围的发展目标有助于提升教师发展和学生的学业成就。

谢翌指出,学校的质量转变过程也是改进与重建学校文化的进程,学校文化是学校改革的发动机,学校的发展需要依靠积极的学校文化。[1] 赫克曼认为,支配校长、教师以及学生行为方式的共同信念就是学校的文化。[2] 顾明远认为学校的文化包含精神、制度、物质和行为等4个层面,

---

[1] 谢翌.关于学校文化的几个基本问题[J].外国教育研究,2005(4): 20-24.
[2] Heckman. P. E. (1993) School Restructuring in Practice: Recking with the Culture of School. *International of Educational Reform*, Vol.2, No.3, pp.263-272. EJ 465 326.

其中价值观念、办学理念等是学校文化的核心。[1]季苹认为学校文化核心是学校内成员做事方式和处理事务态度的内隐规矩和概念。她认为学校文化是否能够形成学校的核心竞争力,关键是组织成员的内隐规矩和内隐概念是否具有先进性。[2]斯肯和彼德森等有关研究者认为改造学校的文化首先必须深入了解已有文化,研究潜在的规范和假定等;然后变革那些阻碍学校发展的方式和规范,强化和赞颂学校发展的文化。薄弱学校文化的重建主要是从学校的精神文化、制度文化和物质文化等三方面入手,主要施以下策略。

1. 确立核心价值观

薄弱学校的改进首先要重新审视学校的核心价值观,审视和修正学校提出的教育使命、打造的共同愿景、确立的校训和制定的师生发展目标是否符合学校发展的理念,是否切合学校发展的实际。不适切学校发展需求的要修正,并要以多种途径向教师和学生宣传,以活动为载体把这种学校精神渗透于师生的学习和生活中,给学校抹上一层精神的底色,给人以信心和力量的精神感召,这是学校改进的第一步。

(1) 教育使命的提出

校长以对教育的理解、对学校教育的定义,提出彰显学校特质的教育使命。当然提出的使命必须得到专家、学者、社会人士等的确认,保证其思想、政治、伦理、道德、法律等方面的正确性。然后,校长向全校教师和学生正式提出学校教育的使命,并从教育的初心到教育的归宿佐以诠释。这种责任和使命的内涵既给未来学校的教育生活着上一层崇尚的精神色彩,又给未来的学校生活赋予了行为的准则。

(2) 共同愿景的打造

共同愿景不是校长和管理人员的一厢情愿,更不是一句口号或辞藻的堆砌,而是基于系统管理的发展目标的制定,是全体人员能为

---

[1] 顾明远.论学校文化建设[J].西南师范大学学报(人文社会科学版),2006(5): 67-70.
[2] 季苹.学校文化自我诊断[M].北京: 教育科学出版社,2004.

之共同奋斗的愿望和蓝图。愿景的打造是系统内自下而上形成,自上而下内化的过程。这个过程是价值理念碰撞、冲击、认同和内化的过程,是系统内相互关系矛盾、冲突和理解的过程,是值得学校大肆发动宣扬的过程,因为这过程是全体成员的文化、价值从不同走向理解融合的过程。共同愿景的打造可以是经历了教师个人的提出、备课组的讨论选择、年级组的辩论筛选再到全校分享确定。共同愿景打造的过程,不仅仅是一次理念的碰撞和思想的沟通,也是让教师真正体会到自己是学校的主人,学校的发展是每个人可以和必须关注的事情。

(3) 校训的确立

好的校训,可以流传百年成为一所学校的精神宝典。校训既包含着思想和追求,是诗和远方,是星辰大海;校训又包含着教诲和鞭策,是行动的感召,是脚下的路和每天的呼吸。所以,确立校训是一件极其不易的事,需要经得起各方的推敲和质疑。学校可以把已有的办学理念、办学目标和办学思想向社会公布,发动学生、家长、教师和专家学者,广泛征询意见进行修正和确立。其实,这个过程不仅是校训征集的过程,更是把学校的思想推向社会,得到大家认同的过程,也是让社会和师生看到学校要改革的决心和行动。

(4) 师生发展目标的制定

实现教师和学生的发展目标,是学校工作的总目标和中心工作。学校发展目标的制定也必须是在教师充分讨论酝酿基础上形成雏形,然后由学校管理层和教工代表辩证分析后形成草稿,最后由教工表决通过。让目标制定的过程具有仪式感,仪式是精神符号的象征和载体,在讨论、辩证、分决和表决的背后都是一种价值的传递和沟通。师生发展的目标要切合学校当前的实际,既让教师感到能实现的可能,又让教师体会到必须付出努力才能实现,只有这样的目标才能真正触动教师行动起来为实现目标而奋斗。

(5) 发展规划的制订

薄弱初中在学校的教育使命、共同愿景、校训、师生发展目标等思想理念确立并在师生层面得以认同后,要开始制订学校的发展规划。学校召开教师代表、家长代表、社会人士等各层面的讨论会,从整体理性方面分析学校的优劣势、存在的挑战和机遇,又细究学校发展各条线、各部门的目标和工作机制,并拟定各目标的完成时限。在这一基础上,学校统整各条线的工作拟定学校发展规划的初稿,初稿交由教师自下而上讨论,如此自上而下、自下而上的几番讨论修改、再修改再讨论,学校发展的规划得以正式成稿,并在全体教工大会上表决通过。通过后作为学校近5年的工作思路和目标,各部门细分的工作上墙以便完成情况的自查。第一个五年规划出来后的第三年,学校对规划执行情况进行中期检查,一是检查完成情况,确定下半期的任务和目标,第二是对规划的再修正。规划是一种预期的判断,其执行情况不仅受各种外在的预料之外事件的影响,后期的执行还受前期执行情况的影响。因此,还需对规划做一个修正和调整,有些不符合实际发展难以实现的需要删除或修改,有些已经超前实现的需增添新的可实行的目标。

2. 改善管理机制

一套科学合理可操作性的制度是学校稳定高效发展的保障,也是学校持续发展的力量。学校规范化建设也是学校文化建设的一项重要内容,在促进教师的专业成长和学生行为习惯的养成上有着其他无可替代的作用。对于薄弱学校完善学校管理机制,不仅可以调动教师和学生的积极性,还可以提增教师和学生对学校的信心,改变学校的教风、学风和校风。学校通过制定教师教学规章、奖惩制度、学生管理制度等规范,使学校的运行有章可循,形成良好的教学和管理秩序。

(二) 教学改进

学校的优质建设必须立足于学校的实际,深刻分析学校发展所处的阶段,找到适合学校发展的路径。薄弱学校最大的问题是学校的教学质量,质量是学校的生命线,因此薄弱学校的优质发展关键是教学质量的提升,而教学改进是提升教学质量的主要途径。

2021年杭州市教育科学研究院对杭州市"提质强校"的55所公办初中语文、数学、科学、英语和社会教师共236人进行了以下调查。

——学校应该着手抓的三项工作

占最大比例的一半以上的老师认为应该抓教师的备课质量,其次是和教研组建设相关的"主题式教研活动"和"教研活动的质量"(表5-1)。

表5-1 学校应该着手抓的三项工作

学校应该着手抓的三项工作				
备课质量	主题式教研活动	学生的学习习惯	教研活动的质量	建立研讨和培训一体化机制
52.12%	45.34%	42.37%	38.98%	31.36%

——影响学生学业成绩的主要因素

近一半以上的老师认为"教学目标的准确定位""教师的备课质量""上课听讲的效率"和"课堂生成的质量"是影响学生学业成绩的主要因素,而只有10%左右的教师认为"作业的正确率""复习的针对性"和"家长的重视程度"和学生学业成绩有关。另外一个关于备课的调查中,有一半的老师认为"教师的备课质量"和"教学目标的准确定位"是影响学生学业成绩的决定性因素(表5-2)。

表5-2 影响学生学业成绩的主要因素

影响学生学业成绩的主要因素							
上课听讲的效率	课堂生成的质量	教学目标的准确定位	教师的备课质量	班级学习氛围	作业的正确率	家长的重视程度	复习的针对性
69.49%	64.8%	50%	50%	30%	10%	10%	10%

——教研组的主要教研方式

统计中,有85.6%教师所在的教研组是"定主题"的活动方式。有近一半的教师所在的教研组采用的是"根据备课组讨论的框架备课"的教研方式,36.44%的教师认为"区域内学科教研组活动"对个人专业发展帮助较大,1/5左右的教师认为"校内教研"和"校内学科教研组活动"是对个人专业发展帮助较大的(表5-3)。

表5-3 教研组的主要教研方式

教研组的主要教研方式		对个人专业发展帮助的教研模式			
定主题	根据备课组讨论的框架备课	校内教研	校内学科教研组活动	课题组专题研讨活动	区域内学科教研组活动
85.6%	48.31%	21.19%	18.64%	15.25%	36.44%

——对自我专业发展帮助最大的模式

有近八成的教师认为"观摩名师课堂教学"是"对自我专业发展帮助最大的模式",是"从教以来对专业发展帮助较大的三种活动方式之一"。榜样和示范对人的影响是巨大的,在学校发展的过程中,如何用身边的榜样和名师去影响和带动一部分人也优秀起来,是值得探索的问题(表5-4)。

表5-4 对教师自我专业发展帮助最大的模式

对自我专业发展帮助最大的模式			
观摩名师课堂教学	担任课堂展示活动	听专家讲座	名师工作室
78.81%	44.92%	44.92%	34.75%

——调查结果显示

在实践中,教师们充分认识到,备课组和教研组建设是学校提升教师专业能力水平,提高教学质量的关键。"教学目标的准确定位""教师的备课质量""上课听讲的效率"和"课堂生成的质量"是影响学生学业成绩的主要因素,而这几方面无不和教师的备课相关。

学校教师的专业发展需要名师的引领,而跨校的一定区域的教研活动对教师个人专业发展会有更大的帮助,这对组建校际教研共同体、区域教研大组提供了有力的证据。因此,学校要主动走出去,主动和其他学校集成共同体,主动开展校际的教研活动,为学校教师打破学校间的壁垒,接受更多的更先进的教学信息创造平台。

内生发展是薄弱学校发展的最终追求,撬动薄弱学校内生发展的最佳着力点是课堂教学,而改变课堂教学的关键是改变教师的教学行为,改变教师的教学行为需从教师的常规和教研入手。通过教学常规的管理来促进教师的专业能力提升和教学方式的改变,从而来推进教学的改进达到学生学业水平的提高。教研活动可以围绕教学常规、教学方式、教师业务能力提升、教学方式和教学改进来展开,以期不断促进优化和提高,而在教学改进和教学方式转变的过程中教师的业务能力也得到了提升,教师教学业务的提升体现在教师教学方式的转变、教学的改进、教学常规的优化和教研活动的有效性上。

因此教学常规、教研活动、教师业务能力提升、教学方式改变等是教学改进的主要策略,它们之间是相互促进、相互作用、相互渗透的关系,是提升薄弱学校教学质量,促进学校高质量发展的保证(图5-1)。

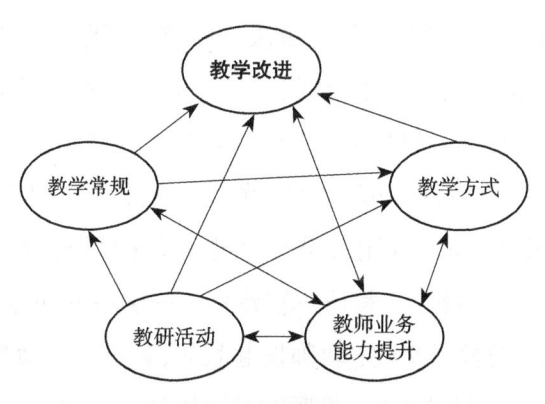

图5-1 教学改进模型图

1. 创新教研活动

教学质量的提升,关键在于教师,教师的专业能力提升是提高教学质量的前提,教师的专业发展离不开专业的引领和支持,而教师教研活动是培育教师教学观念和行为的沃土。具有中国特色的教研体制已经存在近70年,教研对于提高区域教学质量具有重要意义,尤其是教育进入4.0时代,新的时期强调"教研是保障基础教育质量的重要支撑"。

然而,一些薄弱学校不重视教研组的建设,校本教研停留于无序无组织的状态,对教学的深入研究没有以集体智慧共享的方式打开,对青年教师的培养、改革课堂教学方式、提高教学水平等方面的工作基本处于停滞的状态,形成了一种不良的工作氛围,学校久而久之形成一种"得过且过"的精神状态。

(1) 建立教研活动机制

教研要以研究状态来进行,把教学中碰到的问题科研化,把教研中获得的经验科研化。学校还要明确教研组和备科组的职责,把责任心强,组织、沟通能力好,教学水平高的教师放到教研组长和备课组长的位置上来,由他们组成学校的学术团队,带动整个学校的教学改革,成为学校教学改革的主力军、领头雁。教研组和备课组的活动要以制度化的形式予以保证,确立各层级教研活动的主要职责和功能,并列入教师个人和团队的考核,以此提高教研活动水平,提高学校的教学质量。要改变原来自上而下的主题式教研,设计解决一线教师问题的自下而上的问题式教研;改变原来一次性的集会式教研,实践多次磨课的跟进式教研;优化原来的常规教研,借助名师资源开展菜单式教研、动态式教研等。采取问卷星、微信群等形式调研学科教师的教研需求,借助质量监测数据诊断和定位教研方向,利用各类平台进行线上线下的混合式教研等,使教研有鲜明的时代特征。教研重在建构不同学习共同体,使教研形成"总有人在支持"的教研文化:教师发起教研,团队献计献策;名师磨课研讨,带动一个群体跟进成长;教师对教研培训及时评价,反过来再帮助教研组长及时调整策略获得更佳教研效益。

（2）聚焦问题的解决

教研活动要真正为突破教学的难点服务。对教学中碰到的问题，不能仅仅触碰皮毛，不能只走过场，缺乏深度研究、变成老生常谈；教研活动内容主要指向教材研究，要对学生学习的动机、学习的路径、学习的情绪等有关教学的关键问题进行研究，这些问题不能成为教研活动的盲区。

教研活动从调研教师需求出发，以解决教师教学关键问题为要义，设计教研活动。要不断追踪教研热点，开发主题课程，通过课程设计，了解学科研究动向，引领教师紧跟教学改革的步伐。学校教学管理者和教研组长、备课组长应该要真正走进一线教师群体，掌握一线教师平时课堂教学时的疑难问题，解决真实的教学问题，开展符合教师需求的教研活动。真实的教学问题应该从教师中来，通过现代互联网信息平台征集教学疑难问题，紧扣教师一线教学中面临的实际问题进行教研，教研目标明确，教研效度就高。

学校教研活动应是一种面向全体教师的教研，教研的目的是提升学校学科内全体教师的教学水准。如果教研主体集中于某一类教师群体，惯常于某一种方式，会打消教师参与教研活动的主动性，让教师成为教研活动的旁观者，而教研活动依然停留在骨干教师上课、专家评课的千篇一律的模式上。教研活动形式的不变与当下互联网技术发达信息技术水平大幅提高的时代是相悖的。

（3）教研联盟的构建

教研联盟是指基于不同教师群体的教研，根据一定教研主题，将相近年段的教师或相邻学校的教师联合起来，进行同一个教学关键问题的解决或是互帮互助、资源共享的教研活动，带动学校教研水平的提升。不同类型的学校联盟教研模式，可以互相补充，集群攻关，以形成研究共同体来推动教研，增加教研活动研究的内在密度，提高区域教师教研的协同性。多校教研形成一个从封闭走向多元、开放、互惠的教研网络，多方力量发挥各自的优势,使教研活动开展得更有针对性、实效性,实现资源利用的最大化。

教研联盟可以是校内的,也可以是校际的等多种形式。实践表明,校际联盟教研有利于形成"合作共同体",共同构成教学研究的主体,共享资源的同时提升教师的研究自主性,大大提高了教研活动的效益。参训者的主观能动性得以激发,教研活力充分显现,教研管理实现了"从他治到自治,从依附到自主"的转变。

（4）教研内生力的激发

"集会式"教研因有着不可替代的优势,一直是教研的主流形式。但"集会式"教研为达到一定的观摩效果,往往是由骨干教师做展示,普通教师经常是旁观者的身份,因而参与教研的效度就不高。一线教师是教研活动的主体,教研活动的开展应该符合一线教师的需求,应该积极调动教师在教研活动中的主体意识,激发他们成长的内生力。

"动态式""表现式""发起式""跟进式"等教研形式能极大地发挥教师教研的主动性,使教研日常化、问题化和究导化,在提升教师的专业能力水平,促进教师发展内生力上有着非常大的作用。"动态式"教研就是名师建一个"微信互助教研群",名师为群主,为教师在教学过程中可能产生的问题提供一个交流群,进行线上的研讨。"表现式"教研是指教研组织者通过不同层级的展示平台让教师个人和团队展现教学理念、教学成果的一种教研样式。"发起式"教研是教师根据自身研究的困惑,借助"钉钉"等在线工具,主动发起教研。"跟进式"教研指的是在一次次课堂教学实践中,让部分有需求的教师跟进整个听课的过程,跟进听课、跟进思考,让更多教师知其所以然,获得共同成长。这些教研活动形式不仅保留了传统教研中的优势,又充分借助网络,打通校际距离,打破了时空的界限,充分发挥了名师的力量,倡导教师"过一种充满研究的教育生活",让教研渗透到教师的工作和生活中,时时被问题激发、被同伴推动,远离"倦怠期",增加教师的认同度。

（5）教研评价的优化

教研评价因其受控因素较多，是最难创新和改革的一个教研环节。传统的评价理念和方式具有比较浓厚的个人主观色彩，很难实现评价的客观和公正，而且结果往往是隐性的，并不能真正起到推动教研的目的。

可以通过评价来促进教研活动的改进，但是在实践中存在着教研评价时间跨度过长的问题，往往是一个学期的教研活动结束后，才有一次总结性评价，没有了时效，评价本身所具有的改进功能也无法发挥最佳的积极作用。此外，还存在着教研活动评价针对性不强，教研的评价方式常常是对一个学期教研活动的整体评价问题，缺少对某一次教研活动效度的深度探讨。而且学校教研活动的评价总是停留在学校行政层面的量化考核上，而作为教研活动的主体——教师，却没有使用教研活动的评价权。

要让结果性评价走向过程性评价，让单一评价走向多元评价，就要遵循教研评价是为了教研改进而服务的重要原则，要让评价看得见。比如每次教研活动结束后，由教研组织者、部分教研参与者共同参加，以评价教研活动效度为目的进行协商讨论，推动教研的组织者和教研的参与者之间的双向互动，通过双方的智慧碰撞，提炼本次教研活动特色，发现教研活动不足，为后续教研活动的设计与实施提供实践经验。通过及时评价，将活动中为教师所认可的优点作为设计与组织教研活动的策略参照。将教研中出现的问题作为研究有效教研策略的源头，通过头脑风暴集思广益，对线上线下教研如何有效互动及小组讨论的质量如何提升进行有益的改进。信息时代的生活教育都已离不开大数据，大数据如何为教研服务，有很多值得思考的方面。

2. 优化教学常规

教学常规，是教师在教学工作中需遵守的日常规范，是工作的底线和要求，薄弱学校从规范常规管理入手，不仅能实实在在地提高教师的专业能力与水平，也是提升教学质量的关键突破口。薄弱学校可以以制度的形式对教师的日常行为规范和教学常规提出要求,并以绩效考核的形式加强执行的力度。这不仅是提升教师教学专业水平,提高教学质量的重要途径,也是转变教师工作作风,形成良好的工作氛围,建设优秀学校文化的途径。

(1) 常规管理

——备课

"凡事预则立,不预则废"。在教学中,"预"即为备课。无论是教师还是学校管理者都认识到教学常规,特别是备课的重要性,但许多学校对教师备课这个环节没有加以规范和考核,除了一些学校确实是不重视,大多数是因为难以管理。

提高教师的备课能力是备课管理的重点。如何备课,如何备一堂高质量的课是对教师培训的一项重点内容。学校要请专家、名师在理论层面进行指导,在教研组和备课组层面进行实践、研讨。为检阅教师备课的能力,也为学校教师开展培训掌握信息,学校可以开展定时定内容的备课比赛,开展案例比赛,定内容课件比赛等。许多名师和优秀教师就是在这样备课的过程中打磨自己而成长起来的。一位优秀的教师总有一本厚厚的备课本,或是手写后批注密密麻麻,或是电子打印,打印稿上都是课后手写的印迹。"三次备课"成就了无数的优秀教师,他们心中有备课的规范,但又超越了规范备课的范畴。

教师备课的评价要根据教师的教龄、教学业务能力水平等有不同的要求。不同的课型、不同的教学任务,备课可以有很多不同的表现方式。因此,备课的方式和内容可以设计许多种,但备课作为学校教学管理的一个重要环节不可弃不可丢,而是规范和风格相结合,为教师专业发展助力,为学校优质发展成为可能而创造性地改革以提高效益。

——上课

课堂是学校教育的生命场,不仅是教师展现自己教师身份和事业的舞台,也是学生展示他们生命成长的舞台,这舞台的环境和气氛需要教师去设置和渲染，需要教师用智慧和激情去演绎，需要教师用专业和爱去包容和点燃，教师在课堂的存在方式决定着学生的存在方式。因此，课堂的管理是学校教学常规管理的重要一部分，而提高教师课堂教学水平，发展教师的专业能力，对学生的发展、学校的优质发展有着举足轻重的地位。

上课的管理，首先要有一套课堂评价体系。评价体系既要规定课堂规范和评价标准，也要根据学情和学科对课堂做出不同要求的评价，因此课堂规范和评价标准既有统一性又有差异性。统一性指适用于所有学科和所有课型的师生课堂教学规范，比如课堂常规礼仪等；差异性指适用于不同课型和不同学科的要求，比如体育课、艺术课、实验课、语言课和数理科等学科之间课堂的评价标准是不一样的，而同一学科的复习课、新授课、实验课等课型间的评价标准也是不同的。因此，学校要有不同学科、不同课型的课堂评价体系，既体现课堂评价的科学性，也能更好地指导教师的课堂教学。

提高教师的课堂教学能力是上课管理的重要内容。课堂是取得教学质量的主阵地，学校要充分了解和掌握教师的上课情况。通过集中调研、公开课、常规化听说评课等多种途径找到和剖析教师课堂教学中存在的问题，并依靠名师、专家、集体智慧等力量破解困境提升课堂效率，并通过同课异构、同堂上课等多种方式提升教师的上课水平。

提升学生学习的能力也是上课管理重要内容之一。上课的管理不能只关注教师的教，也要关注学生的学。学生在课堂上学习的方法需要教师的引导，这不仅是提高课堂效率，落实学生学习习惯和学习品质的体现，也是学生提升学习能力的重要途径之一。课堂上学生除明白一定的课堂问答等规范外，更应该学会如何听课、如何思考、如何做笔记等，学习方法的掌握，这是学生提升思维品质、提升学习力的重要方法。

——作业

学校作业的管理不仅仅是减轻学生负担的举措，也是提高教师专业能力，提升教学质量和效益的重要手段。作业的管理主要是从量和质两方面着手，而只有管理好质才能控制住量。

开发校本作业是作业提质的主要途径。校本作业既落实目标又关注具体的学情，更具有针对性和有效性。校本作业的开发对于一所薄弱学校往往存在着师资力量紧缺、有经验的老教师稀缺的困难，学校可采取引聘教师并与本校相结合的方式组织教师开发团队。引聘的教师必须是优秀的有丰富教学经验的老师，对重难点的把握和攻克、学生分层的作业梯度设计等都能起到把关和引领的作用，通过和他们一起开发作业，也是对本校教师专业能力培训提升的过程。

学校鼓励教师自己精编学生的辅助卷。虽然学校杜绝教师以各种形式和变相的方式让学生买课外教辅资料，并作为师德考核的重要内容，但学校鼓励教师购买学科课外辅助资料。教师通过各种辅助资料能打开自己有限的知识体系和思维方式，通过自己阅读和解答辅助资料上的题目，不仅提高了自己的专业水平，而且开拓了教师的解题思维方式。教师可以摘选一些精典的题目组成卷让学生精练，使教学更精准和高效，切实减轻学生低效的重复刷题的负担。当然学校对每位教师每学期的出卷量也应控制，以防加重学生的负担。

及时批改和反馈作业是教师精准掌握学情的重要途径之一。"要求学生做的作业，教师必须自己先做，要求学生做的作业，教师必须批改"，这是提高作业的有效性适宜和精准性的要求。只有教师在学生做作业之前先做，才能了解作业的难易程度，才能了解作业适不适合所有的学生，才能了解作业的关键点，才能决定如何布置、反馈和辅导。而对学生做的作业及时批改及时反馈，能使教师了解学生掌握知识的情况，也了解自己课堂授课的情况，发现问题及时解决；也通过批改，能提高学生完成作业的自觉性，并让学生及时了解自己学习的情况。作业的批改也是师生之间沟通和交流的好方式和好途径。学校对教师作业布置和批改情况的了解，不仅能了解教学情况提升教师的作业布置水平，也能增强教师工作的责任感和紧迫感。

——考试和课外辅导

对于考试的次数，各地教育主管部门都有严格的要求和控制，学校遵照执行坚决贯彻，以此向教师和社会做好履行"减轻学生负担"的表率。学校对教师规范的管理，除监考纪律的管理外，主要是教师命题能力、解题能力和分析能力的管理。

命题，是教师的基本功之一，反映教师的专业素养。运用有限"典型题"的深度学习去领悟"无限道题"解题经验，这是一种教学机智，"命题"素养正可以运用这种教学机智为有效教学插上腾飞的翅膀。"命好题"需要学习培训和实践锤炼，学校搭建平台，切实提升教师的命题素养。教师命题必定涉及"选题""理题""编题""创题"等研题过程。通过"选题→解题比赛"，转变教师命题理念；通过"理题→说题活动"，提升教师解题素养；通过"磨题→编题研讨"，显现教师命题智慧；通过"创题→好题展示"，提升教师命题水准。

教师的解题能力，既考查教师的学科专业能力，也考查教师的解题技巧。学校每年以教研组为单位进行解题能力比赛，让教师了解自己的解题能力，提高自己的学科专业素养；通过比赛，也让教师更加了解学生，懂得考场上的学生，并把自身的考场解题技术得以和学生分享。教师出卷既是对学科知识体系和难易深浅梯度的理解，也是基于对学生掌握知识技能情况的了解，同时，编制试题也能反映教师自身的知识广度和文字严密度。因此，这是考查和提高教师教学综合能力水平的一种方式。

（2）常规的评价

制定学校教师常规要求时，可以根据教师的不同教龄、不同教学水平，采取不同的形式、不同的数量作为检查要求。学校在考核时不仅仅有量的要求，更重要的是要有质的检查和反馈。特别是有效的反馈对于教师完成教学常规有极大的促进和指导作用。各门学科间的常规既有共性也有其独特性，因此，制定的过程中，要先在各门学科教研组中对制度进行充分的商讨后再拟定草案。之后,各学科拟定的草案再交予全校教师讨论,以确保学科间制度的平衡性以利于以后绩效考核的公平性。最后,递交教工大会表决通过。整个制度制定的过程,是教师对教学常规解读和内化的过程,为更好地执行打好坚实的基础。学校要将教学常规管理转化为督促和指导教师教学行为的研修,这是改进教师教学水平和提高教学效益的活动。

3. 转变教学方式

课堂是师生得以生命交融的主场所,教育的改革当从学校、从课堂出发。而课堂的改革则以教与学的方式转变开始。改进教学模式、改变教学方式是提高课堂效率的一种途径。教师总是站在离学生最近的课堂,教师永远肩负着改变教学方式的使命,通过教师教的改变而转变学生的学习方式是教学改革质的改变。

教学方式的改革从不同的视角有不同的途径和方法,从教学的构成要素来看,主要可以从以下几方面进行改革。

（1）基于学习方式的变革

自主、合作、探究的学习方式是课程改革所倡导和呼吁的,是学生持续学习的能力。课程改革以来,各学校都在积极探索通过学习方式的改变提升教学质量的策略。如杜郎口教学模式以学生为主体,激发学生学习的主动性的方式取得了教学质量大幅度的提升。

随着学者对学生学习方式研究的渐近,近几年学生深度学习成为变革的热点和趋势。当前深度学习的热点主要集中在学习模式、学习策略、同伴互助教学、学习方法、基于问题的学习等方面。以深度学习方式改造的教学活动,侧重从"应用、分析、评价、创造"厘定教学目标,引导学生对学习的内容进行批判性理解和意义建构。学生在深度学习体验的过程中将所学的知识进行情境迁移,以达成解决复杂问题,尤其是解决真实情境的问题。

随着信息技术水平的提高,利用互联网平台进行教学方式的变革也是当下教育界关注的热点,电子书包、沉浸式教学、项目化学习、"数字彩虹""智慧大脑"等教学方式的变革应运而生。信息技术背景下基于学生的差异性,多样化的分层教学、分层评价、个性化学习、个别辅导等等也成为一线教师转变学生学习方式研究的课题。

(2) 基于课型优化的变革

课型优化是以促进学生核心素养的发展为着眼点,通过提供各类条件、创设各种平台将学生内在的情知潜能变成现实。学生发展的全面性和个体性是确定课型优化目标导向的依据。

传统的课型课程结构较为固化,完全围绕着学科的教材开展,学科之间及其与生活实际没有关联,导致课堂氛围和学生学习热情低沉。而课型优化能够在课堂上创设出丰富多彩的教学环境,带动课堂活化,学生能够在自主、合作、探究和自我体验中得到全面发展,如主题式教学下的主题单元课型、任务型课型、问题型课型、项目式课型等。在实现教学公平、唤醒学生学习兴趣、引导学生在学习中感知和体验、激发学习热情、提高教学的有效性、提升教学质量方面起着积极的作用。

(3) 基于教材处理的变革

教材应该符合学生的认知规律与心理发展规律,在编排上都有其自身的逻辑体系,并且具有适用的普遍性。根据学生的学习和生活实际,结合教学实践经验和学生的反映,将一些安排得不够合理或是不适合本校学生的内容进行调整和改编,将一些需要学生了解的新知识进行补充、拓展和再开发,也是教学方式变革的一种。

当前,不少学校积极探索单元整体教学,通过设计一个更科学的大单元,来弥补现行教材中的不足,以完善学科知识体系,更适合于初中学生的思维,有利于学生更好地掌握某一核心知识模块,培养整体观念,提高学生知识迁移能力,加强全局思维能力。单元整体教学把单元主要目标分解成若干个子任务,通过子任务的完成,让学生学会解决问题的一般方法:先整体分析,再分步解决。在问题解决的过程中,注重同伴的互助方式，一起进步，以及进阶。

（三）师能提升

一所教学质量优良的学校总有一支爱岗敬业、业务能力强、整体素质高、关系和谐的教师队伍。每一所学校都认识到教师队伍对学生发展和学校发展的重要性，也总把教师队伍建设放在学校工作的重要位置。在调研中，我们也发现学校在教师队伍建设中主要有以下策略。

1. 思想和精神的引领

推动教师发展的主要力量是教师源自内心的需求，任何外力只有在和内力相一致时才能发生最大的作用。如果没有激发教师发展的内生力，队伍建设的所有努力往往是事倍功半。

在教师队伍建设的过程中不仅要关注教师业务能力的提升，也要关注教师对职业的认同和追求。即使教师有精湛的教学水平，如果不热爱教学、不喜欢课堂、不关心学生，他的业务能力也不会发挥得淋漓尽致，更不会主动去应变所面对的教育变化，不会主动去研究、思考和破解教学中存在的问题，所有的工作往往只停留于表面和形式，对于学生和学校的发展无法起到积极的作用。

如果学校只关注对教师教学方法的提升、科研能力的提高而忽视教师的精神世界和人文素养等整体素质的培养，教师的发展则达不到一定的高度。如果学校不去了解教师内心的所思所想，往往会陷入一头热的现象中：管理人员充满热情，想方设法为教师创造提升的条件和平台，教师却是没有热情、内心不接受，甚至抱怨和排斥。这种情况，不仅不能达到提升的目的，还会影响学校教风和校风，影响学校的整体发展。

教师对职业的认同和感受职业的幸福感，不仅能提升教师的责任感，更能激发教师自我发展的内生力。学校不仅要加强教师职业理想和职业道德教育，完善师德考评制度，增强教师教书育人的责任感和使命感，引导教师关爱学生、严谨笃学、淡泊名利、自尊自律，以人格魅力和学识魅力教育感染学生,做学生健康成长的指导者和引路人,也要通过各种活动让教师感受到职业的尊严和幸福。

学校通过各种群体和团队建设,关心教师的生活,使教师感受到集体和组织的温暖,增强对学校的归属感和认同感。学校通过开展各种对教师的心灵有舒缓放松作用的活动,缓解了教学工作的压力,促进了教师的身心健康。

薄弱学校的许多教师常处于"事不多但很累"的状态,这是精神的疲软,是一种精神的缺钙。通过让教师读书可以提升教师的精气神,重燃教师的活力。可以通过共读书目来推进学校教师的阅读,共读书目以每学期两本书为宜,一本是与教学有关的,一本是与人文素养有关的。学校开展的读书活动要有任务有展示有反馈,比如每位教师在微信共享读书10分钟的音频,摘录感触最深的4段话,写3个感想,上传2张读书的照片,每个教研组挑教师和全校教师分享读书心得等。读书不仅能打开人的心灵,开阔人的胸怀,浸润人的精神,还能让教师的精神饱满,也能让学校充满生气和灵气,让整个学校活起来。

学校要通过多种途径和渠道,把教育前沿的理论和实践传达给教师,让教师的思想和理念与时俱进,并成为终身学习者。

2. 健全培养梯度

教师队伍建设要建立在对教师现有发展状况分析和研究的基础上。只有了解教师队伍发展中存在的问题,清楚教师专业能力中存在的缺陷,才能有针对性地进行补缺。

学校教师队伍的整体素质是不一样的,应该有不同的、个性化的、具有针对性的建设方案。但在调研中发现,许多学校的教师队伍建设方案大同小异,缺乏对学校师资力量的深入分析,缺少对教师业务能力水平的深度剖析,缺少具有问题解决式的高效的建设方案,缺乏具有创新性和前瞻性的建设方案。因此,不同学校之间也存在着教师队伍建设效果的较大差异。

学校不同教龄间教师发展的需求是不一样的,即使教龄相仿,需要提升的业务能力也存在着差异。因此,教师发展也要有个性化的培养方案,针对不同发展状态的教师群体和个人有不同的培养目标和举措。但无论以教学常规为载体还是以教研活动为主要方式的教师培养中,少有发现针对不同发展状况的教师有不同分层的举措,也因此使常态化教师培养方式疲软,教师缺少参与的热情。

斯德菲提出的教师生涯发展模式包括:预备阶段、专家阶段、退缩阶段、更新阶段和退出阶段。[1]根据教师发展的不同状况予以不同的培养方式,不仅能促进教师个体持续的发展,也能促进教师团体的共同发展。

教师的梯度培养一般按两种梯度分类:一种是按年龄或教龄进行划分,在实践中通常划分为起始期、发展期和成熟期三种;另一种是以职称或所获专业荣誉进行划分,在实践中通常以获得名师、教坛新秀等荣誉与否作为分界线。

教师梯度的培养体现在对日常教学常规的不同考核要求上,体现在教研活动中不同的活动内容和要求上,体现在担负学校教师团队工作的不同任务上等。"起始期"教师最迫切的需求是加强底子练好基础,能早日站稳讲台,尽快跨入专业的门槛。对他们的培养主要是传授一些必备的基本技能,如编制教案、教学实施、课堂常规、班队管理等。从他们个人的成长规划开始,谋划自身职业发展规划,从抓实抓细教学常规的优化入手,通过导师制、各种教研活动等途径,搭建平台,压紧担子,使青年教师快速成长为学校的主力军。"发展期"教师是学校教师队伍中的主要群体,他们在教育教学上已经获取了一些经验,但还缺乏专业的深度,需要培养他们对问题的反思意识,促进思考,优化实践。"成熟期"教师是学校里的名师和准名师,这个群体需要突破高原和瓶颈。学校要引入外界的高阶能量,强化外在刺激,如引进高级别的名师工作室,帮助他们

---

[1] 教育部师范教育司.教师专业化的理论与实践(修订版)[M].北京:人民教育出版社,2003.

注入专业发展的智慧。对于20年教龄以上教师遇到的诸如发展瓶颈、发展诉求降低、教学模式日趋僵化的问题，其培养是重"心"、重"情"的过程，需要变管制为尊重、变强制为养成、变要求为触动、变迷失为定标、变被动为能动。从心灵入手，通过共鸣、共情、共振，促进其二次发展。

3. 构建培养体系

学校教师队伍建设是一项长期的重要工程，需要学校建构教师发展建设体系促进其健康高效的发展。科学完善的教师培养方案和队伍建设体系，不仅能使学校教师培养更全面、更完整、更具承接性、更富操作性和后续的总结改进，还能使教师更加明确自身发展的目标和发展的举措与学校培养措施的一致性和协同性。

学校教师队伍建设体系不仅包含有教师队伍状况的分析、培养举措、培养结果评价等，还要有远期目标和短期目标等。但不少学校在教师队伍建设的方案和实际操作上年年雷同、件件相仿，学年间缺乏承接和跟进，教师培养呈现重复、低效、守旧的局面，对学校教师培养更是缺乏自身的评价和分析。

教师个人发展规划也是学校教师队伍建设的重要一部分。教师个人发展规划和学校教师队伍建设具有同向性，个人发展规划既建立在个体需求的基础上，也建立在学校教师培养总规划的引导下；学校教师发展规划既建立在学校总体发展规划的基础上，也建立在教师发展需求的基础上。因此，两者间相互渗透，相互体现。但有的学校教师发展规划完全罔顾教师个体发展的实际需求，而个人发展规划也脱离学校整体发展规划的举措和目标。

学校应建立完整的教师队伍建设体系，体系应建立在对学校教师队伍结构、教师业务水平、教师发展优劣势和发展目标深度剖析的基础上。教师培养体系与学校总体的教育理念、教师发展目标和核心价值取向的一致性，是实现学校总体发展目标的保障和基础。教师培养体系的建构为学校培养教师的循序渐进、保障和改进、总结和反思提供系统性的思考和操作指引,使教师培养更具科学性、操作性、有效性和前瞻性。

学校教师队伍建设体系建立在学校总的发展规划之下,既包括学校总的教师培养规划和方案,又包括教师个人的发展规划;培养体系不仅有目标、举措细则、实施保障和实施结果的评价,还有学校整体和个人的长期和短期目标。

（四）特色发展

学校特色发展是学校高质量发展的一种途径和方式,是学校发展内涵和外延的全面发展,其本质是通过学校的特色化和多样化的发展,全面提升人的综合素质。学校特色的创建不仅仅是基于学校的高质量发展,更是基于学生的需要。

学校特色发展中也存在着一些问题。20世纪90年代我国便提出了基础教育多样化、特色化的发展方向,学界和教育界对特色发展进行了许多的学理性和实践性的探索和研究。然而,实际上学校特色发展的概念和内涵在认识上还存在着较大的差异和分歧,相关的概念如学校特色、特色学校、特色教学等较为混乱。一线的教师和教育管理者对学校特色发展的理解存在一定的误区。学校特色、特色学校在语义上是不同的。学校特色可以理解为学校的特色,特色或许只是学校的某个项目,比如学校的特色是音乐、体育等。特色学校即特色的学校,是学校区别于其他学校的特质,是学校以整体的某种风格和个性特质而存在,它注重系统性和整体性。

学校特色发展逐渐成为基础教育均衡化发展后高质量发展走向优质的基本趋势,但如果学校表现出功利化和形式化的特色发展,缺乏对学校特色发展的正确认识,没有激发学校特色发展中的内驱力,缺乏对学校特色发展的内在资源和外在资源的深入综合的研究,缺乏学校发展明确的目标,就失去了学校特色发展的本质意义。

学校特色发展的最终目的是满足学生和教师成长的需要,各种令人眼花缭乱的教育活动如果脱离了教育主体的需要,脱离了特色发展的主题,忽略了优化学校办学资源配置,就只是延续了传统管理模式和教学模式,把学生置于被动学习的地位。有的学校以特色发展为名义搞一些学生和教师的活动,但所开展的活动根本不符合特色理念、不符合教育规律、不满足师生们成长的需要,活动完全脱离学校特色发展真实的需要,流于应付和表面,失去了活动的有效性和方向的准确性。

在调查中发现学校对特色发展存在着"贵族化"和"简单化"两种倾向。有一些学校认为学校特色发展是建立在学校生源、教师队伍、教学质量等优秀和教学资源丰富的基础上,对于普通学校是很难实现的。这些学校往往对学校特色发展有畏难情绪,对学校特色发展的理解有偏颇,没有认识到学校特色发展是基于学校实际的发展策略,没有深入研究自己学校发展中的优势,充分利用自身具有的资源进行挖掘、规划、整合和实施。也有一些学校认为学校特色发展很简单,只要学校有诸如科技、艺术或体育等方面的社团并有成绩就是学校特色发展。这种观点把学校特色项目或是学校的特色认定为特色发展,当然学校的特色和特色项目做深做优也会成为学校特色发展的雏形。当学校的特色具有独特性、稳定性、优质性和整体性时,学校就有了特色发展了。

1. 挖掘特色资源

学校特色的创建首先应找到学校特色并且论证其可行性,学校特色的挖掘主要有三种途径:

(1) 依托地域特色

学校依托于地域特色,无论是自然环境还是人文环境,都有自己可以挖掘的特点,这种特点可以成为学校特色形成的切入口。在调查中,影响最深刻的是E初中的特色。E初中位于钱塘江滩涂围垦区,这里的居民是从内地迁徙出来的。学生的祖辈们当年把白茫茫的荒凉之地开拓成现在的新农村,他们这种不怕苦肯奋斗的精神叫"围垦精神",祖辈们勤劳拼搏善良的"围垦精神"即是"沙地文化"。E初中通过凝练和升华，把这种精神和文化打造成学校的文化特色。还有一所学校所处的地方有非遗文化"剪纸"和"挑花边"，学校就通过打造把这项特色做到极致甚至国际化。还有一名校长调任到区域内另一所高中任校长时，他以当地红色农民革命的精神作为学校独特的精神品质特色，以"红色革命精神"作为学校的文化特色，凭此特色做强做优，使此学校成为区域内屈指可数的重点高中。本地还有几所学校挖掘乡贤名人的精神作为学校的特色文化，比如贺知章、任伯年等，还以古代名人重新改换校名。这种从地域自然环境或人文环境中挖掘出来的文化往往具有其独特性，而且为师生亲近和熟悉，容易接受也乐于接受。

（2）发挥学校的优势

学校的优势是学校宝贵的资源，它是通过长期的积累形成的，往往是最具生命力的学校特色，是学校新一轮高质量发展的生长点。学校对自身深入的分析，找到学校的独特优势，对优势资源做认真的分析，科学地论证优势资源成为学校特色的可行性；充分论证和定位优势资源发展为特色所具有的独特性和影响力，以及它长远的发展潜力。论证优势资源能否带动学校整体发展，把它做大做强，发展成为学校优质发展的特色建设的突破口。因此，作为学校不仅要积极思考，还要善于思考、科学地辨析，因为找到自身的优势并非易事，有的优势很明显，而有的需要深入分析才能发现，有的优势是间接利用，有的优势可以直接利用；还有当下表现为学校的劣势，但经过调整劣势可以转化为优势。笔者调研过一所当地全国知名的特色小学，学校的竹笛特色从20年前一直做到现在，培养出了许多演奏人才。而竹笛作为学校的特色，是源自学校有一位吹笛子出色的老师，一路发展越做越精，知名度越做越大。调查问卷中的C学校作为城区老牌学校，学生家长重视培养学生的兴趣特长，学校的篮球、排球、田径等体育项目都是冠军，学校是体育特色学校。学校还有一支庞大的西洋乐队，还有舞蹈队等，学校也是艺术特色学校。学校引进一名教师专门辅导学生电子百拼、车模等比赛，成绩优秀，学校还是科技特色学校……学校特色的牌子拿到手软,校长很"凡尔赛"地表达"我们样样都是特色,又样样不是特色,没有特色就是我们的特色"。特色还可以来自教师,如有的学校教师的教科研非常厉害,就以教科研特色学校命名。比如学校的课程开发得丰富,能满足学生们的需求,学校可以是课程特色学校。

(3)显现教育理念

学校的教育理念也可以是学校的特色,比如调查问卷中的A初中,在"承认差异、尊重差异"理念下实行差异化教学。而其实差异化教学只是学校个性化教育的一部分,个性化还关系到学生生活中的方方面面,小到学校营养餐的个性化,教师辅导个性化等。比如一所学校以书香校园建设作为学校的特色,学生分级阅读书目、亲子共读书目、学生读书报告会等都很有特色,是名副其实的特色学校。

特色不仅体现在少数学生身上,更应该体现在学校全体成员身上,渗透在学校所有工作中。学校的特色突出了,能更好地影响学校整体,触动学校的整体发展。

学校挖掘到可能的特色以后,要告知全体教师和学生,甚至家长,听他们的意见和建议,获得他们的支持。通过教师层面对特色建设所需的条件、存在的问题、所需的支持、将来可能的发展等讨论后才正式确立特色。开展特色活动的方案制订,要有个自下而上、自上而下的过程,确保特色的可执行性和完美性。方案要尽可能详尽,负责的人、参加的人,如何评价、评价结果如何使用等都要有明确的规定。

2. 丰富特色的活动

特色的实施是以活动为载体,而且最主要的表现形式就是活动。通过组织与特色建设相关的活动,使特色建设的目标得以达成。活动的设计要以学生为主体,每次活动后要及时总结和反馈,为下个活动的开展提供参考。活动要循序渐进,每年都有新的亮点和创新之处。活动的设计要把固定常规性活动和每年的创新活动结合起来,固定常规性活动以全校的大规模活动为主,需要长期准备;每年的创新活动根据教育契机而定。比如前面提到的笛子特色学校,学校的活动以日常、大型活动、创新活动三者相结合的形式为主,日常主要是每天早上出操时间,广播操后和下午放学前,全校师生演奏笛子,演奏形式有全校齐奏、自主练习等,形成了一种习惯;大型的活动是每年学校有笛子艺术节,有班班献笛艺,个人PK师生同台演艺,还有名人专场,请来笛子演奏家给师生讲座,和师生同台演奏等。其他还有每年的一些创新活动如个人笛子演奏会等。20多年下来,这个特色从没改变,但常奏常新,从没让师生厌倦。

要创建一个特色并不容易,除有方案、有活动,人和物的保障也是关键。学校要把特色项目建设的资金纳入学校财政预算,在学校公用经费不够的情况下,要努力争取上级行政部门的支持,使特色不因资金的不到位而遗憾、流产。特色的形成与坚持最关键的是人的问题,学校的一些特色往往是因为有一位专修这个项目的老师。就如上面提到的"笛子学校",要确保教师能做这个特色、有兴趣和喜欢做这个特色,只有教师有兴趣和意愿,才会不断创新和研究,使这个特色得以延续。在保证学校师资的时候,学校要确保师资的梯度和培养,建立特色项目教师团队,给教师走出去受培训和参加外面类似特色活动的机会,如此才能使特色项目老师不断创新特色,保证特色的与时俱进和活力。如果学校确定某个特色项目,但缺乏师资时,也要外聘专家来校辅导,并通过专家带出自己学校特色项目的教师团队。如前面提到的"剪纸学校",学校教师不精于此,就请当地社会人士来给学生上课和培训教师,一年后学校有了一支精于剪纸的教师团队。

学校特色的开展也要有总结和反思。总结特色建设中的成绩和存在的问题,思考特色未来的走向,不断精进。随着教育的发展,有些特色可能普及了,学校就进行从做无到做优的建设;有些特色可能被时代淘汰,不被学生所需要,那就要适时调整,寻找新的特色;有的特色本身就是亮点，又通过学校的精细化管理，比预期的方案还要做得出色，这时要调整方案，对特色做强做精，要有新的规划。总之，教育在发展，学校的特色建设也随之在变化，在管理特色的时候，既要有实事求是、脚踏实地的工作作风，也要有不断进取、积极创新的思维。

3. 做精特色课程

学校一个好的特色项目，常焕发出它的活力和生命力，给整个学校带来生气。这样的特色，学校要以特色课程化的形式为特色的持续发展提供动力支持。特色的课程化要有课程的目标和思想、课程的内容、课程的实施、课程的评价等，使课程建设规范化，保证课程的科学性和合理性。特色的课程也并不是建设以后一劳永逸的，而是要根据学生需要的实情和实施的情况以及教育的发展，不断改进调整。前面提到的"笛子学校"，20多年的特色一直兴盛不衰，是因为笛子的课程建设。笛子课程不仅仅是笛子演奏的技术指导和分级的曲谱提供，而是因为有实时跟进的笛子故事。笛子故事有笛子历史的渊源、有关于笛子的诗词文章、有与笛子相关的名人，还有学生最感兴趣的当前笛子演奏名人及他们的故事。当前学生最喜欢听的歌曲的笛子谱，这是学生练习吹奏的最大动力。所以特色的课程能走远的最大原因是学生喜欢和需要。调研中发现"剪纸学校"也因为如此，其特色在全国打响了知名度。

综上所述，学校的特色最大的动力是学生的需要，特色持续发展的最大支持是特色课程化。特色发展的最大价值就是实现学生身心的发展，学校特色课程建设要一直从始至终都围绕着更好地满足学生发展的需求而展开，让学生发展具有最大的可能、最好的发展，学生的主体地位得到充分的关注与得以极好的实现。

（五）丰富课程

优质学校高质量发展的过程中要开发适合学校和学生实际情况的拓展型和探究型的课程。课程要关照到学生的成长，满足学生多元化发展的需求,既要有"普适性"的课程,又要有体现学生多元需求的"个性化"和"针对性"的课程。真正的优质学校能让每一个学生的潜能都得到自由、全面、和谐而充分与可持续的发展,真正优质的学校是能为学生提供优质的教育服务的学校。①

一所学校区别于其他学校的是其鲜明的特色和丰富而有个性的课程。因此,课程开发成为优质学校高质量发展的重要内容和重要任务。学校课程的开发要从学校本身的实际情况出发,综合学校自身的教育理念、教育目标、学校资源等各种因素开展各种活动;课程开发参与的主体应多样化,需要校长、行政、教师、学生和家长等的共同协作。学校的课程一定是要基于满足学生需要的,课程要更好地适应学生的个性特征,提升学生学习的成就。学校课程的开发体现了重新分配课程管理权力,学校自主开发课程得到国家和地方的支持。

1. 做强特色项目

以特色项目建设特色课程,以特色课程打造特色学校,在这过程中以特色项目为突破口,以特色课程为载体,补给和充盈学校的文化,这是学校开发课程的途径之一。学校的课程是学校独有的文化价值表达和传承,与学校办学理念相匹配,和学校的顶层设计相一致。学校课程的内容和实施是学校办学理念和培养目标在实践层面的体现。

特色项目做强做规范,重要的途径就是特色项目课程化。调查中的E学校,以学校"围垦精神"和"沙地文化"建设了学校"沙地风情"特色课程群和"善"文化课程群,其中包括沙地风情、沙地美食、沙地戏曲等等。调查中的C学校,建设了"老底子"课程,颇受学生的喜爱,其中有木艺课程、花边课程等。学校还开设了"家长学院"系列课程,其中有国学经典课程、青春不困惑课程等,让家长成为学校课程的重要资源。学校有10多年一直持续的特色课程"学生领袖培养课程",这是以学校学生

---

① 杨小微.从优质到现代化:学校发展的目标与评价[J].中国教育学刊,2020(11):20-25.

做校长助理为主要活动方式的课程,每年都有许多学生报名参加。学校共开设了这些创新特色课程30多个,显示出了城区老牌优质学校在课程开发上的实力。

2. 拓展基础课程

基础学科课程的拓展是课程开发的一个重要途径,也是当前大多数学校正在运用的课程开发方式。学校课程要与基础型课程相互融合和渗透,既不增加学生的负担,又能为学生发展的需求而设定,它不是学校用来哗众取宠或标新立异刷形象的宣传媒介,而是在育人价值与学生基本素养培育之间得以实现的载体。学科拓展型课程虽然各校类似,但做强做精就相差很大。学科拓展型课程主要表现在课程和学科学习要素相结合,与学科的学习方法相结合,是学科知识的拓展。如语文学科相关课程包括国学品读、经典诵读、诗词赏析等,数学学科拓展课程包括生活中的数学、数影结合、数模等,与英语相关的课程有戏剧表演、英语经典等。一门学科可以开发好几门课程,但是学校在课程的建设上不能专注于量的多少,而不关注需求与否、能力与否。要把国家、地方和学校三级课程间联系起来、整合起来,使课程发挥最大的教育功能,真正提高学生理解知识、应用知识、找到问题、解决问题等的能力。

从调查情况来看,学校越来越关注学科教学走向跨学科教学的课程开发。比如有的学校开设了诗词与古典音乐、地理与人文,特别是STEAM课程体现了学科的综合性。浙江颇具特色的学校综合实践课程把多种学科的知识、技能等综合运用于课程中,是对学生综合运用实践能力的培养。

3. 优化课程结构

学校既要有"普适性"的课程,又要有"个性化"的课程;既要有以学科知识逻辑为中心的课程和以学生发展为中心的课程,也要有凸显学校发展特色的课程。这要学校加强课程的顶层设计,使课程结构的形态呈现多种需要,而又科学适恰。

4. 强化课程落实

学校要形成规范、科学、全面的课程管理机制，包括资源开发机制、课程教学机制、课题研究机制、校本研修机制等来保障课程建设的平稳推进。比如，课程教学机制，要规范备课，规定上课的对象、时间和地点。对教研目标定位、主题选择、内容组织、教学策略选择、活动和作业设计等都要有明确的管理流程。

学校课程管理的主体也应该从学校行政科室单一主体走向多主体，学校应建立在校长领导下的课程领导小组，确立领导小组成员的职责、分工等具体运行机制，领导小组下设以学科教研组为中心的课程开发、课程实施、课程评价等课程建设中心，也要鼓励和设计学生参与到学校管理等。以这种分布式课程领导和管理方式能使课程的实施更科学更有效。

不同于基础学科课程整齐划一的管理方式，校本课程更加关注学生的自主选择和个性发展，体现尊重学生多元与个性发展的理念。因此走班上课，"一人一课表"是最常态化的课程管理方式，学校在班级重组、课表制定方面要以科学、合理的方式进行组合。初中阶段，学生学习任务多、时间紧，如何合理安排校本课程的时间，也是课程管理的一项重要内容。

5. 深化课程改革

学校课程的开发和实践是基于学校对课程的评估和预期，但在课程的实践过程中会出现超出预期的状况。因此学校在课程管理时，要对课程进行实践的评价，了解课程实施的情况，然后对课程后续的发展做出决定。有些优秀的课程要继续深化和改革，使之成为精品课程，有些实践过程中不理想的课程要做出调整或停止的决定。

学校要不断创新课程内容、创新课程结构、创新课程实施和评价，使课程成为学校的特色、学校高质量发展的助力。

（六）技术赋能

2021年7月，教育部等六部门印发《关于推进教育新型基础设施建设构建高质量教育支撑体系的指导意见》，意见提出学校利用现代信息技术促进学校物理空间与网络空间的融合，建设智慧校园新型基础设施，支持学校高质量发展。当前，信息技术设备在促进人才的培养中起着不小的作用，在提高育人的质量和育人的效益上效果非常明显。人工智能、信息技术、大数据和智慧设备等与教育双向赋能发展。我国印发的《新一代人工智能发展规划》指出，要利用智能技术加快推动人才培养模式和教学方法的改革，构建智能学习、交互式学习等新型教育体系。新时代教育将从多个维度迈向智能化，加快人工智能与教学方式、教师发展、学生发展、学校文化、家校共育、教育治理、教育评价等融合，实现教育更高质量发展。现代信息技术能促进学校高质量发展，但只有找到现代技术与教育深度融合的有效路径，才能推动二者双向影响发展的潜能得到进一步发掘。

1. 顶层设计技术规划

学校始终本着"以信息化促进学校高质量发展""以应用促进学校教育信息化建设"的总体思路，整合学校各类教育资源，把信息化工作渗透到全校各个方面，以此促进学校整体发展，实现教育管理现代化，教师素质专业化，教育活动多样化，教学效益最大化。学校信息化建设的实施是针对学校的办学理念与实际而出台的。学校信息化活动的实施在于促进学生成才、教师成长和学校发展。按照学校信息化建设目标的内容，重点突出"建网、建队、建库、建制"的同时，分步实施，具体落实。信息化项目的推进由点到面，逐步推进，不急功近利。注重过程管理，追求实效。

利用智能技术能提升学校治理能力，促进学校、政府、社会等多方协同发力，推动学校高质量发展。人工智能和大数据使教育管理手段由传统的基于经验的模式转向以证据为基础的精准管理。学校管理采集的数据更加庞大更加全面，数据的分析更加及时精准和全面，增加管理的敏锐度，帮助决策的科学全面和及时性。人工智能和大数据促进管理透明化和民主化，提高决策的透明度、科学性和预见性。教育过程实时监测与智能预警系统，当实时状况与预设条件不一致时预警系统启动，帮助学校快速发现问题和实施紧急预案。

2. 提升师生智能素养

面对"信息化技术＋教育"的教与学实践场域，教师和学生要在原有素养的基础上提升智能素养，以应对挑战，提升智能教育素养是提升教师技术应用能力和学生掌握学习方式技能的重要途径和关键。教师智能教育素养提升，要提高学科素养与信息素养的融合能力，信息技术与教学技能双向助力教学。在知识、能力、思维等层面适应信息化给教育带来的新变化。学生信息化素养是正确引导学生通过信息技术提高协作学习、实践创新、解决实际复杂问题等能力素养。通过人工智能、编程技术、STEAM等课程提升学生智能教育素养。

3. 完善智能课程体系

人工智能是学校高质量发展过程中不可忽视的战略要素，而数字化、信息化教育资源是提升教育教学质量和效果的重要影响因素。开发信息化相关的课程及配套教材，开发与课程教学相融合的信息化工具，能使教学更高效、质量更高。以应用为导向，要积极探索和创新人工智能助推学科教学发展的应用模式。

4. 推进技术和教育融合

人工智能赋能学校高质量发展的重要环节是改变学生的学习方式，学生从被动学转向主动学。通过动态、及时、全方位数据的采集，能精准而及时分析学生的学习情况，发现学生学习的盲区，引导学生进行自我反思和改进；人工智能根据学生学习图谱，提供个性化的学习策略，提高学生学习的效率，激发学生学习的兴趣，驱动学生学习内驱力，提高学生的学习质量,更好地满足学生的多元需求。人工智能转变学生的学习方式还体现在学习平台的多样化,线上教学、线上线下融合学习,让学生间、小组间的合作更加有效高频。网络提供的资源,为学生探究提供各方面的素材,使学生的学习更加深入。人工智能转变学生学习方式还体现在学习工具的改变和学生学习体验的不同上。VR、数字孪生、5G网络等构建的课堂教学让学生的学习更为沉浸。

人工智能也改变了教师以讲授为主的教学方式,现代技术手段的应用使教师的课堂更加丰富、精彩、生动,引导学生自动探究、深度学习。大数据的采集帮助教师精准分析学情,阅卷更加高效准确及时,分析更加全面深入。根据学生学习状况,人工智能的组卷更加科学。学生画像、教师画像等唤醒学生的自我成长的意识,帮助教师了解学生,优化教学、增进沟通;也帮助教师自我诊断、反思教学、评价教学,也有利于教师掌握材料进行有效的反思型教研,成为教育的研究者。

人工智能和大数据改变了传统家校合作沟通的方式,使家校沟通更加深入,对家校合作具有积极影响。用智能家校平台实时收集、分析、发送学生学习、生活等情况的数据,推送学校发展政策、家庭教育知识、家校活动专题,不仅降低家校沟通成本而且更加及时精准。还可以帮助学校追踪家校合作共育的过程,评价和总结家校合作共育效果,改进家校合作的内容、策略和方式。人工智能和大数据拓展家校共育信息服务渠道,满足不同群体的多样需求,使家校共育协同与因材施教的效果更好。[1]

二、初中高质量发展的原则

学校高质量发展过程中,既要向内寻找发展的力量,也要向外寻求发展的支持,充分利用外部环境和资源,推动学校向优质发展。本研究

---

[1] 刘邦奇,张金霞,许佳慧,等.智能技术赋能因材施教:技术框架、行业特点及趋势——基于智能教育行业发展实证数据的分析[J].电化教育研究,2021(2):70-77.

中案例学校所在的X区面对高质量发展掣肘困境，聚焦"质量提升"这一主题，聚力"优质均衡发展"这一主轴，围绕"美好教育"这一主线，科学谋划，系统推进，做到靶向施策，定向路径突围。为实现初中教育高质量发展，X区优化初中教育区域空间布局，解决大体量初中教育结构性失衡问题；利用信息技术推进城乡教育一体化，建设全域普惠、城乡共享的智慧教育，为每一所初中打造"学校大脑"，实现"互联网+义务教育"结对帮扶全覆盖。并且加大初中教育投入，合理配置教育资源，保证初中教育的起点均衡与起点公平。同时在制度层面，激发初中学校办学活力，深化初中学校的教育体制机制改革。加强对初中学校办学质量的综合评估，深化初中学生评价和招生制度改革推进，推进教育均衡。加大教育高层次人才的引进和培育力度，整体提升初中教师队伍专业成长水平，提升初中教师的职业幸福感。初中发展系统外部环境的大力支持，发展社会资本的增大，整个区域内初中教育质量有了大幅度的提升，在省对区域教育综合考核中从后几位到名列前茅。

学校高质量发展得益于外部环境有力的保障、内部环境的支持，但在路径和策略的选择上为确保学校高质量发展的方向，须遵循以下一些基本原则。

（一）以人为本

高质量发展蕴含了两组关系即主观和客观的关系、主体和客体的关系。从主体和客体的关系来看，学校的高质量发展包括学校的高质量发展和个人的高质量发展。学校的高质量发展是由个人的高质量发展来推动和实现的，个人的高质量发展是指教师和学生的高质量发展。

1. 促进人的发展

学校高质量发展，不论学校选择以何种路径、何种策略发展，最终都要体现到人的发展上来，即学生的健康持续的发展上来，学生的发展则依赖于教师的发展。学校高质量发展要求学校选择的发展路径和策略能满足学生需求和促进全面发展,是有利于学生的持续、终身学习和发展的。立德树人,是学校必须坚持的办学宗旨和方向。高质量的教育发展要坚持"五育"并举,是培养德智体美劳全面发展的未来人才。要培育学生发展的核心素养,学校所选择的发展路径与策略能帮助学生树立正确的价值观,形成必备的品格和关键能力。发展路径和策略的选择要尊重办学规律、教育规律和人的成长规律,反过来,只有基于对教育规律和育人规律的认识,并在育人规律、教育规律和办学规律的指导下才能选择正确的学校发展对策。校本课程的开发从形式上看是"以校为本",蕴含在其背后的深意是"以人为本",既强调学生的全面发展,又强调学生的差异性以及多样化的需求,这与学校高质量发展"人的充分自由的发展"的目标相契合。

2. 发挥人的主体性

学校高质量发展的主体是学生和教师,学生和教师是推动学校发展的主要力量,而高质量发展的最终目的是满足学生和教师成长的需要,两者间相辅相成。学校发展的路径、策略和措施得到教师的认同和支持才能得以实现,如果只有管理者的主张和热情,而没有在教师和学生层面得到正向的反映,那么学校的课程和特色建设将最终无法得到有力的落实。所开展的活动要符合特色理念、符合教育规律、满足师生成长的需要,活动要和学校特色发展真实的需要相适恰,不能流于活动的应付和表面的形式。

有的学校由于缺少应有的课程和特色建设理念的渗透和宣传,教师认为课程和特色建设是学校管理人员或是少数教师的事情,和自己无关,没有把自己放入学校课程和特色建设的场内,如此,学校课程和特色建设得不到全体教师的共振而力量单薄,致使学校课程和特色建设得不到充分的发展。学校课程和特色建设需要各种活动作为创建载体,教育教学活动是最主要和关键的载体,而教育教学活动的主体是教师和学生,如果教师和学生认同和参与不高,那么学校课程和特色建设就失去了生存的空间而最终缺乏生命力。

学校制度的主体是教师，主体体现在教师既是制度的制定者，也是制度的执行者、监督者和考核者。学校要充分发挥制度中教师的主体作用，让制度制定过程、实施和考核的过程成为学校建设良好工作氛围和学校文化的契机。学校的管理制度主要是基于当前学校的发展状况，既确保学校工作的有序进行，又激励学校教师努力工作。学校制度制定的过程中，要充分听取教师的意见，通过自上而下、自下而上的过程，既是保证制度的合理科学全面，也使制度制定的过程成为对教师职业道德规范教育的过程，成为对教师绩效管理的过程，发挥制度制定过程的导向和教育功能。学校的制度都要通过教工大会全体教师或教工代表大会的教师代表的民主表决后实行，通过的过程是学校和教工契约形成的过程，体现制度的严肃性和规范化。

（二）适宜恰当

从高质量发展的主观和客观的关系来看，学校的高质量发展包括主观愿望和客观现实两个维度。从主观愿望来看，主要是学校有对实现高质量发展的主观设想，包括学校的使命愿景、学校高质量发展目标和发展定位、学校高质量发展的思路和策略，以及学校高质量发展的支撑体系、可持续性发展等。从客观现实来讲，学校存在于一个具体的发展环境中，如学校发展的宏观环境、学校发展的中观发展环境和微观发展环境，发展环境给了学校发展的机遇，也给了学校发展的约束。

1. 基于发展愿景

学校的高质量发展取决于主观愿望和客观现实的适配性，与客观现实相适应，主观愿望才能够变成现实。学校高质量发展路径和策略的选择要适合学校发展的主观设计，协同于学校的发展规划、学校的价值取向、学校的共同愿景等。选择的路径和策略要尊重学校发展相关人员及实施者的意愿。校长是学校的领导者，是学校发展和改革的关键动力，学校的变革和发展往往是基于校长对教育的理解，对教育的理想追求。作为新时代的校长，站位要高，把学校高质量发展放在国家战略大局中思考，要具有国际视野和未来发展的眼光，要有紧迫的责任感和使命感。校长把先进的教育理念和正确的教育价值观渗透、融入学校发展的整体运行中，以确保学校发展明确的目标和方向，形成全体成员共同的发展愿景。

各学校之间状态的原因各自不同，但所碰到的困境和面临的问题大多是相同的。但学校不能照搬其他学校的改进方式，要研究和分析自己学校发展的过程和现状，找出学校当前发展中存在的问题和优势，根据学校实际拟定改进方案，在方案实践的过程中要根据发展变化及时调整工作计划和发展目标。要充分预估学校在发展过程中可能会碰到的问题和困境，学校发展是对现状发展的不满和挑战，需要学校既不浮躁也不冒进，也不气馁地放弃和妥协，要以积极的心态和乐观的精神去面对发展变化。学校发展要求学校在扎实做好常规工作的基础上，能富有前瞻性和创造性地设计、规划学校优质发展的改革，快速地促进学校教学质量的提升。

2. 适于环境支持

学校高质量发展路径和策略的选择要有学校现实所处发展环境的支持，现实环境的有力支撑，路径和策略才得以顺利实施，发展目标得以实现。所选择的路径和策略既要基于教育发展大环境的支持，也要基于区域和学校发展环境的支持。宏观环境的支持在于所选择的路径是否得到国家政策法规的允许和支持，比如是否符合"双减政策"，是否符合国家的财政规定等。中观环境的支持是指所选择的路径是否符合学校区域所在的当地政府部门和主管单位的政策法规，能否得到他们财政、政策等的支助和扶持。特别是选择人工智能和数据技术以促进学校发展的，不仅需要一定的财力支持，还需要技术的支持。微观环境的支持是指所选择的路径得到学校实际的硬件、软件条件的支撑，经过论证可行的路径，学校要极力提升内部硬件和软件环境，确保路径的实施；如若通过改造和提升，学校微环境仍然无法为学校发展路径提供支持的则是不适宜不恰当的发展路径。学校发展微环境差异成为学校路径选择不同的主要影响因素，也由此，不同发展起点的学校选择的路径是不同的。

比如学校管理制度的制定和实施上要"刚柔并济"。既要以制度为准则严肃和规范学校的办学行为，也要关注推进制度改革过程中教职工的心理变化。过于的"刚"会让教师有抵触和反感，产生消极负面的反应，也使学校失去了"人情味"，学校的发展缺少生气和活力；过于的"柔"容易让学校重新陷入改进之前的无序状态。在调查中发现，有些学校制度的制定常停留于行政层面的一厢情愿，引来大多数教师怨声载道。原因是有的学校看到别的学校有好的制度就"拿来主义"，不管是否适合本校的实情，不管这制度教师是否接受就直接执行，不仅教师们反感，执行的中层工作也很被动；有的学校看到学校的需要，行政层面通过讨论制定了科学合理的制度，但在过程中不征求教师的意见，让教师成为制度的局外人，教师漠不关心，不遵照执行，失去了制度的严肃性，也失去了行政在教师中的公信力。

（三）协调持续

高质量发展是指高效率增长，高效率增长是指以较少的投入获得最大的收益，反之，低效率增长是指以较大的投入却获得较少的收益。高质量发展与高消耗资源为基础的增长是相对立的，是可持续增长的发展。高质量发展实际上就是中高端结构增长，是有效供给性增长。决定高效率增长的重要因素是技术创新和制度创新，因此，学校高质量发展路径选择要从质量和效益的角度去思考，要把能促进学校教育质量高效率增长的可行的路径放在首选的地位，投入精力、财力和人力资源较大但教育质量提升效果不佳的路径和策略应该弃之。

1. 质量效益兼具

创新学校教研活动最终目的是通过提高教师教学水平,来提高教育教学的有效性,提高教育教学的质量,最大限度地促进学生的发展。如果教研活动只是表面形式的创新,形式门面上的热闹,而对教师的提升效果甚微,或只是提高极少数教师的能力,这都是低效的教研,应该及时改进。教学方式的改变亦是如此,为了追求教学的某种模式而改革,缺乏本校师生实际情况的分析,对改革的成效缺乏应有的跟踪分析和调研,只追求形式上模仿,对教学效果缺少研判,贻误的则是学生初中阶段的发展,甚至影响学生一生的发展。因此,教学改革既需要热情也需要基于理论与实践的分析改革的可行性和实效性,确保其有效性和对学生发展的最大增值。

学校课程和特色建设对学生发展的有效性和效益也是值得考证的一方面。好的课程和特色对学生的终身发展起着积极的作用,但是一些质量不高的课程和特色却是以消耗学生与教师的时间、精力和兴趣等为代价,妨碍和贻误了教师、学生的发展。这些课程和特色往往是没有进行论证的假特色、假课程,缺乏科学性、合理性和有效性的考量,课程、特色目标的达成收效甚微,需要学校及时改进或取缔。

信息化背景下,对质量和效益的思考更加放到重要位置。大资金、大成本、较大资源投入的信息化在教育教学和管理中的投入,对教学质量提升的影响、对师生发展的影响、对学生工作的负担和影响等都要进行调查和论证,不仅要调查其有效性,还要调查效益和"性价比",减少国家经济的损失、学校物理空间的浪费、教师学生发展的负面影响。如此,才能使学校能更科学合理地选择和使用信息化技术促进学校高质量发展。

学校高质量发展体现在提高教育质量,提升教育效益上,"双减"以促进学校高质量发展为目的,是学校高质量发展的手段和途径。学校高质量发展要把是否增加师生负担作为路径和策略选择的重要依据,要以提高质量、提升效益，促进师生发展为旨归，增加学生不必要的过度的学习负担和教师的工作压力和负担的路径是必须摒弃的。

2. 可持续性发展

学校高质量发展基于质量效益原则的路径和策略的选择，体现在学校教学改进、人工智能和数据赋能、学校文化重建、学校课程开发和特色建设等在提高质量、师生发展时的效益。学校在取舍路径前要考虑效益，对投入成本和可能取得的效果进行多方论证，广泛听取师生和专家的意见，也吸取其他学校的经验。路径和策略实施的过程中要优化过程、改进措施、动态管理，适时调整以提高质量和效率。发展的过程中要发挥学校已有教育资源的要素潜力，使各类教育要素边际生产率与收益达到最优，最优化促进教育发展的制度、动能、方式。学校高质量发展的路径实施要阶段性的总结，质量效益明显的继续优化、升级，持续发展的质量更高。质量效益低下的发展措施要全面考证，破解阻点，整改方案。对于效益极低而投入甚多的要考虑及时止损重新规划。

学校高质量发展要从根本上研究教育的实质、研究学生的学习、研究教师的专业发展，不能玩表面的各种新式花样，以博取社会的眼球和点赞，这样的学校表面上天天创新，时时在改革，但这种肤浅的形式化、表面化、哗众取宠的方式，注定了它的生命力和持久力的短暂，最终与优质学校相去甚远。

（四）公平正义

高质量发展的本质是回归发展的本源，实现最大多数人的社会效用最大化，促进社会公平正义。基础教育学校高质量发展能增强教育供给的充分性与平衡性，能基本消除区域、城乡和学校间教育不均衡现象，优化教育格局，建立健全"兜底"机制，实现教育的优质均衡，满足广大人民群众对优质教育的需求。特别是面对初中教育城乡二元结构凸显、优质教育资源向城区集中、初中教育面临的资源总量和优质资源双重短缺的问题,在满足教育规模的整体需要和教育规律的基本要求上,优化学校空间总体布局规划,盘活教育存量,统筹实用性与前瞻性,实现初中教育质量和结构的协调发展,满足人民群众对优质教育需求的美好愿望,实现教育更加公平、质量更高。

1. 面向全体学生

教育公平正义是教育的一种价值观、价值取向,是教育政策制定、教育发展路径和策略选择时思考的重要思想依据。学校高质量发展路径和策略的择取是以面向全体学生,激发学生的潜能,发现学生的优势,促进每位学生全面而又个性化的发展为目的。教学方式的改变、学校课程的开发、学校特色的建设、人工智能互联网技术的运用等都是面向全体学生,以最大限度满足最大批量学生发展的需求,让每一个学生都有选择的权利和机会,让每一位学生都有发展的可能。使学校高质量发展面向全体学生既是社会和国家发展人才资源的需求,也是学生个体生命成长的需求。教育规模的扩大、教育结构的调整和教育评价的改革,教育从入口和出口的公平转向了教育过程的公平。教育过程的公平要求学校在规章制度的制定、学生活动的设计和教育教学的组织上都要关注每一位学生的参与,关注每一位学生的发展,让每一位学生都成为学校教育的关键。

2. 尊重个体差异

学校高质量发展要承认差异、尊重差异,正视每位学生不同生命成长的需求,提供给每位学生描绘精彩人生的机会和条件。让每一位学生的兴趣特长都得以有表现和发展的可能。学校课程要基础性和拓展性相结合,提供的课程要多样化,给学生更多的选择,要让每位学生都能找到适合自己的课程;学校充分利用人工智能的实时性和精准性功能,为每位学生提供人性化发展需求的私人管家。发展路径和策略的选择以公平正义为基础和原则,正确的发展路径和策略是实现教育更加公平正义的重要途径。

据调查，教师对学校奖励制度最大的关注点是制度的公平性。学校必须调动和激发教师的工作积极性和工作进取心，而变革激励制度是重要的途径和手段。因此，学校必须找出原有奖励制度在公平性和激励性上存在的不足，加以完善。条件允许还可以在原有的基础上增加激励制度。教师的绩效考核既有个人绩效考核还有团队绩效考核，两者捆绑结合，既能鼓励个体的精进，也让教师在工作中注重团队合作。但两者的比重如何分配，要根据学校教师工作中的情况，确定偏重于个人的绩效还是团队绩效。如果学校教师个人不努力，吃大锅饭现象严重，就要把个人绩效考核的比重增大；如果学校的教师偏向于单打独斗，缺乏团队合作的精神，那么团队绩效的比重要增大。当然，在以总结性考核为主的前提下，学校可以增加发展性过程考核。所谓发展性过程考核，指的是对教师的增量考虑，这主要是关注到教师接受班级学生原始成绩的差异，导致一刀切的不公平，是一种鼓励教师不断进步的积极考核方式。

上述初中高质量发展路径和策略选择的原则是相辅相成、相互联系、相互制约的。其中，以人为本原则决定了公平正义原则，公平正义原则为以人为本原则提供了可能，适宜恰当原则促进高质高效的实现，高质高效原则是适宜恰当原则有效落实不可缺少的条件。同时，各个原则在不同路径和策略中的重要性也具有一定的差别，并非同时出现并发挥同等程度的作用。

结语：
研究反思与展望

真正有力量的变革一定是基于常规意义上的有效革新。坚守和持续优化常规是教育高质量发展的方法。本书详尽展示了薄弱学校和非薄弱学校的多路径发展状况，扎实常规、变革教学方式、提升教研有效性、开发课程等策略都是教育教学工作的常规，然而正是这些常规的变革使学校产生了质的发展。当然在研究的过程中，虽有几点创新，却也存在一些不足之处。

一、可能的创新

（一）聚焦初中探寻基础教育高质量发展之策

基础教育高质量发展的研究较少，系统性的全面研究更是少之又少，已有的研究多以关注高质量发展中某方面为主。本书细致而全面地梳理了学界在基础教育高质量发展研究上已取得的成果，以基础教育高质量发展的本质和内涵、基础教育高质量发展的路径和策略等为视角进行全面的概述。

（二）为初中高质量发展提炼可行的实践路径

当前，基础教育高质量发展的研究以理论为主，但实践和案例的研究极少。本研究以5所案例学校的师生和校长作为调查对象，通过大样本的问卷调查和深入的访谈，挖掘学校高质量发展的关键点，探析影响学校高质量发展的因素。对学校高质量发展多路径和策略的研究是基于案例的研究，选取有代表性和普适性的学校作为研究案例，通过研究这些学校高质量发展实践的路径，归纳出学校高质量发展的多条路径，为其他学校高质量发展提供可借鉴的样本。

（三）总结提升不同类型学校实践案例使路径更清晰

学校高质量发展路径的选择是基于学校发展起点所承载的发展资源以及学校发展的方向和旨归。区别于其他研究路径和策略往往只选择一所或几所不加分类地加以研究，本研究选取了5所发展起点不同的案例学校，以"薄弱学校"和"非薄弱学校"的分类来阐述它们发展的路径和策略。薄弱学校是以破解学校的阻点和难点，规范办学，全面提升学校的质量，走向优质的高质量发展之路。非薄弱学校是以课程和特色推进学生和学校更加个性化发展，走向优质和卓越的高质量发展之路。这样的分类研究避免了泛化和低效，更加丰富、更加切合实践。薄弱学校改进、优质学校建设一直是学界研究的热点，优质学校高质量发展走向卓越的系统研究较少。本研究兼顾薄弱学校和非薄弱学校高质量发展的案例，研究更加全面、更加深入。

二、存在的不足

高质量发展是新的发展理念，包含了协调、创新、绿色、公平、共享5个方面，基于这5个方面的理念有学者尝试着构建高质量发展的评价体系，以促进高质量发展。高质量发展的评价体系也是高质量基础教育体系的重要组成部分，高质量发展评价体系是基础教育高质量发展的重要保障，能推动基础教育高质量发展。

教育高质量发展既是教育现代化整体进程中的必然部分，也是加速教育现代化进程的手段,教育现代化的目标和标准作用和规制于教育高质量发展,因此,以学校现代化评价体系评价学校的高质量发展也是应有之义,现代化学校的评价体系能助力和推动学校的高质量发展。杨小微教授团队通过几年的理论和实践研究,对学校现代化评价有了较成熟的理论体系和实践经验。杨小微教授认为现代化学校的特征主要体现在精神或观念层面、学校治理体系和其相关治理能力的现代化、物质及技术装备和信息技术的现代化。他认为从学校现代化评价体系的学校效能、增值、内涵、现代性等方面的评价可以促进学校高质量发展。他的课题组研究出了学校现代化"5E"5个维度上的评价标准,即包括公平(Equality)、效能(Efficiency)、赋权(Empowerment)、生态(Ecology)和优质(Excellent)。①本文还未针对学校现代化评价体系下构建学校高质量发展评价体系做论述是本研究的不足。

高鑫、宋乃庆在《增值评价促进我国基础教育高质量发展探析》一文中则认为,构建增值评价体系能促进基础教育高质量发展。②增值评价,是从学校效能评价研究中发展壮大起来的新的教育评价方式。他们认为在基础教育增值评价的应用与实施会带来与基础教育发展相匹配的规模效应和范围效应,以促进产生增值评价与基础教育高质量发展的整体效应。增值评价方式能够兼顾不同起点的学校、不同基础的学生的发展,是促进教育公平,关注弱势,充分调动发展积极性的评价。本书是关于不同起点学校高质量发展的多路径研究,是关注学校发展的起点、发展的过程和发展所产生的质量、效益及持续发展的研究,可以从增值来评价学校发展路径的适合性。增值评价体系关照学校发展路径的选择,促进学校高质量的发展,对其也须进一步研究。

辛涛和李刚在《高质量发展时代教育质量评价的功能定位和重点内

---

① 杨小微.从优质到现代化:学校发展的目标与评价[J].中国教育学刊,2020(11):20-25.
② 高鑫,宋乃庆.增值评价促进我国基础教育高质量发展探析[J].江西师范大学学报(哲学社会科学版),2021(6):100-106.

容》中阐述了基础教育高质量发展的三个内涵：追求育人质量的稳步提升；推动教育更为公平的发展和实现教育高效且可持续的发展。给本书的启示是：高质量发展的评价元素可以包含教育质量、教育公平、教育的效益和教育的可持续发展。

基础教育高质量发展评价是教育治理的重要环节和发展的重要保障，也是教育发展改革的关键突破点。由于教育高质量发展正式提出的时间还不够长，研究还不够深入，基础教育高质量发展的评价体系还未建立起来，这些都有待学者们做进一步的研究。

三、未来的展望

高质量发展的时代命题，为教育深度变革提供了方法论的启示，更是向教育深度变革提出了强烈的呼吁。基础教育是"高质量教育体系"的重要一环，是国民教育体系大厦的基石，实现基础教育高质量发展、建设高质量基础教育体系是我国当前教育发展的主要目标与亟待解决的问题，基础教育高质量发展的重要目标和标志性成果就是高质量发展学校，也就是说，学校深度变革是教育深度变革的基本单位。

基础教育高质量发展的最终旨归是人的高质量发展，是实现人的更加全面和充分自由的发展。师生的生活、学习样态是检验教育高质量发展是否真实发生的首要指标，也是实现高质量发展的主要方法。复杂的背后往往蕴藏着简单的被绝大部分人所认可并理解的底层逻辑。这底层逻辑于教育就是回归育人的初心，促进人的全面而个性化的发展，培养德、智、体、美、劳全面发展的社会主义劳动者和接班人。

开发自身的能力来解决自己的问题是最有希望的变革。学校高质量发展是基于学校教育价值取向、教育使命和教育愿景等优秀学校文化和良好微环境的发展。学校要努力激发教师和学生投入学校高质量发展的勇气和智慧，催生教师和学生自主参与学校高质量发展的内在动力。

主要参考文献

参 考 书 目

[1] 韦恩·K.霍伊,塞西尔·G.米斯克尔.教育管理学:理论.研究.实践(第七版)[M].范国睿,主译.北京:教育科学出版社,2007.

[2] 王道俊,王汉澜.教育学[M].北京:人民教育出版社,1989.

[3] 陈丽,方中雄,等.基于品牌塑造的学校改进[M].北京:北京师范大学出版社,2010.

[4] 特伦斯·E.迪尔,肯特·D.彼德森.校长在塑造学校文化中的角色[M].王亦兵,译.北京:中国青年出版社,2006.

[5] 梁歆,黄显华.学校改进:理论和实证研究[M].上海:华东师范大学出版社,2010.

[6] 叶澜.教育概论[M].北京:人民教育出版社,2006.

[7] 约翰·I.古得莱得.一个称作学校的地方[M].苏智欣,胡玲,陈建华,译.上海:华东师范大学出版社,2006.

[8] 马云鹏,邬志辉,谢翌,等.优质学校的理解与建设:21世纪中小学教育改革探索[M].北京:高等教育出版社,2006.

[9] 张新平等.义务教育优质学校办学标准研究[M].北京:科学出版社,2015.

(编者注:本书为作者博士毕业论文,故此处保留论文参考文献原貌,未再予以排序,请读者了解。)

[10] David Hopkins.让每一所学校成为杰出的学校：实现系统领导的潜力[M].鲍道宏,译.上海：华东师范大学出版社,2010.

[11] 赵中建.学校文化[M].上海：华东师范大学出版社,2004.

[12] 翟福梅.薄弱学校改造的策略[M].上海：百家出版社,2007.

[13] 柳海民,周霖.义务教育均衡发展的理论与对策研究[M].长春：东北师范大学出版社,2007.

[14] 胡定荣.薄弱学校的教学改进——大学与中学的合作研究[M].北京：教育科学出版社,2013.

[15] 严先元.走向有效的课堂教学[M].成都：四川大学出版社,2010.

[16] 孙河川,高鸿源,刘扬云.从薄弱走向优质——欧盟国家薄弱学校改进之路[M].北京：高等教育出版社,2006.

[17] 迈克尔·富兰.变革的力量——透视教育改革[M].中央教育科学研究所,加拿大多伦国际学院,译.北京：教育科学出版社,2004.

[18] 杨小微.全球化进程中的学校变革——一种方法论视角[M].上海：华东师范大学出版社,2004.

学 术 期 刊

[1] 谭晓玲,王爱云.新中国成立后中共重点学校政策的演变[J].党史研究与教学,2016(6):58-64.

[2] 杨小微.示范性高中应注重学校的内涵式发展[J].基础教育,2008(6):18-19.

[3] 胡兴宏."新优质学校"新在哪里[J].上海教育科研,2013(1):1.

[4] 杨小微.教育现代化的路径选择[J].人民教育,2014(20):8-12.

[5] 杨小微.现代化学校呼唤现代化标准[J].教育测量与评价,2018(4):1.

[6] 杨小微.对标2035：学校教育现代化推进的方向与路径[J].人民教

育,2020(3):17-20.

[7] 谢翌,马云鹏.优质学校建设的背景、理念与维度[J].教育发展研究,2007(10):34-38.

[8] 路光远.内涵发展:薄弱学校的更新之路[J].全球教育展望,2005(4):9-12.

[9] 程晋宽.美国有效学校的理论与实践[J].外国教育资料,1994(3):58-63.

[10] 张煜.学校效能评价——一种对学校进行综合评价与质量监控的理论与方法[J].中小学管理,1997(Z1):62-63.

[11] 孙绵涛.关于学校效能评价标准和方法的两点认识[J].教育发展研究,2007(20):19-22.

[12] 杨四耕."新优质"的"样子"[J].上海教育,2012(10):46-47.

[13] 胡兴宏.想把学校带向何方[J].师资建设,2012(8):21-23.

[14] 张民生.学习"新优质",创新"新优质"[J].上海教育,2012(10):65.

[15] 倪闽景.教育转型期推进改革的标杆行动[J].上海教育,2012(10):62.

[16] 王丽华.薄弱学校改进的个案研究[J].教育发展研究,2007(10B):33-37.

[17] 洪明.领导力与学校改进:一个导论[J].中国教师,2008(5):4-8.

[18] 胡晓航,杨炎轩.学校改进的基本内容、空间次序与群体策略[J].教育科学研究,2014(2):33-37.

[19] 楚旋.系统论视角下的综合学校改进研究框架分析[J].教育发展研究,2011(15):50.

[20] 邬志辉.发展性评估与学校改进的路径选择[J].教育发展研究,2008(18):5-10.

[21] 范先佐,白正府.比较优势确认:薄弱学校改造的重要途径[J].现

代教育管理,2014(7):40-44.

[22] 蒲蕊.有效的学校改进:一种实施策略的视角[J].教育科学研究,2010(3):27-31.

[23] 沈玉顺.学校改进实践策略解读——基于我国中小学学校改进实践的分析[J].教育发展研究,2010(18):16-20.

[24] 孙素英.学校改进视角的考察与思考[J].中国教育学刊,2007(12):25-30.

[25] 龙佩.从组织的角度看学校管理的特性[J].当代教育论坛,2007(5):12-13.

[26] 周建松,陈正江.学校发展系统:理论建构与实践探索[J].高等工程教育研究,2015(3):58-63.

[27] 卢乃桂,何碧愉.能动者工作的延续力:学校改进的启动与更新[J].教育学报(香港),2010(2):28.

[28] 方中雄,陈丽.外源式学校改进的实践操作要求分析[J].当代教育科学,2010(16):51.

[29] 叶澜.当代中国教育变革的主体及其相互关系[J].教育研究,2006(8):3-9.

[30] 沈玉顺.学校改进动力机制的建构与优化[J].上海教育科研,2011(11):45-48.

[31] 孙绵涛,王刚.我国现代学校制度建设的成就、问题与对策[J].教育研究,2013(11):27-34.

[32] 赵明仁.论校长领导力[J].教育科学研究,2009(1):40-42.

[33] 范魁元,刘景.现代学校制度建设:现状与出路[J].中小学管理,2010(2):38-41.

[34] 褚宏启.教育治理:以共治求善治[J].教育研究,2014(10):4-5.

[35] 郑友训,冯尊荣.义务教育高位均衡发展的理性解读[J].江南大学学报(教育科学版),2008(4):42-43.

[36] 尹后庆.动态认识均衡[J].上海教育,2014(4):16-19.

[37] 李保强,刘永福.学校改进的历史回溯及其多维发展走向[J].教育科学研究,2010(2):28-32.

[38] 梁歆,黄显华.从实施策略的视角简述美国学校改进的发展历程[J].全球教育展望,2007(8):36-40+12.

[39] 许爱红.学校持续改进的过程:模型与特征[J].教育科学研究,2011(9):36-40.

[40] 陈丽.学校改进的特征与价值取向分析[J].教育科学研究,2010(11):5-8.

[41] 楚旋.学校改进基本问题探讨[J].教育发展研究,2009(24):37-40.

[42] 张新平.义务教育优质学校的建设路径[J].教师教育学报,2016(1):73-87.

[43] 谢翌,马云鹏.优质学校的基本理念与文化形态[J].教育研究,2008(8):62-66.

[44] 项红专.优质学校的阶段性发展与策略性推进[J].中国教育学刊,2018(7):43-47.

[45] 张新平.对义务教育优质学校及其建设路径的几点思考[J].教育研究,2015(4):70-78.

[46] 杨九俊.学校特色建设:"寻找属于自己的句子"[J].教育研究,2013(10):29-36.

[47] 马云鹏,谢翌.优质学校建构的取向、模式与策略[J].东北师大学报(哲学社会科学版),2004(3):121-129.

[48] 邬志辉,陈学军,王海英.优质学校的概念、建设过程与指标框架研究[J].东北师大学报(哲学社会科学版),2004(3):113-120.

[49] 朱德全,李鹏,宋乃庆.中国义务教育均衡发展报告——基于《教育规划纲要》第三方评估的证据[J].华东师范大学学报(教育科学

版),2017(1): 63-77+121.

[50] 张东娇.价值驱动型学校的特征、文化哲学与建设策略[J].北京师范大学学报(社会科学版),2014(5): 5-12.

[51] 郑航.欠发达地区学校改进的内生模式:困境与对策——基于大学与中小学合作关系的视角[J].教育发展研究,2016(12): 25-26.

[52] 李希贵,李凌艳,辛涛.建立以学生为主体的学校自我诊断模式[J].教育研究,2010(9): 69-74.

[53] 杨小微.理解当代学校文化生成的多重视角[J].教育科学研究,2009(7): 12-16.

[54] 柳海民,邹红军.高质量:中国基础教育发展路向的时代转换[J].教育研究,2021(4): 11-24.

[55] 周彬."双减政策"助力学校高质量发展的期待与可能[J].人民教育,2019(19): 33-35.

[56] 辛涛,李刚.高质量基础教育体系的新时代内涵[J].人民教育,2021(1): 17-20.

[57] 孙闪闪,郑文慧.论基础教育高质量发展的治理逻辑[J].基础教育参考,2020(10): 24-27.

[58] 邓云锋.推动基础教育高质量发展的"山东行动"[J].中小学管理,2021(12): 29-32.

[59] 唐永富,舒玉兰.新时代基础教育高质量发展的内涵[J].教育科学论坛,2022(8): 3-5.

[60] 李政涛."五育融合"推动基础教育高质量发展[J].人民教育,2020(20): 13-15.

[61] 罗嘉文,杜德栎,刘义民."四方协同"模式:推进农村中小学高质量发展的探索[J].教育评论,2021(10): 144-147.

[62] 陈晓辉."五育融合"推动教育高质量发展的原则与路径[J].辽宁教育,2022(6): 53-56.

[63] 王烽.高质量发展:基础教育的挑战与应对[J].人民教育,2021(1):21-24.

[64] 郑友训.薄弱学校的成因及变革策略[J].教育探索,2002(10):43-45.

[65] 邓静芬.薄弱学校改进对策初探[J].成都师范学院学报,2009(2):93-94.

[66] 励骅,白华.国外薄弱学校改进的有效举措探析[J].比较教育研究,2009(6):52-56.

[67] 吴亮奎.为"薄弱学校"辩护:基于教育价值的思考[J].教育发展研究,2013(2):10-14.

[68] 叶春波."互联网+"背景下薄弱学校内生发展的困境与出路[J].当代教育科学,2020(5):78-81.

[69] 白亮,凌郡.OECD国家薄弱学校改进策略与启示[J].教育科学研究,2015(8):36-41.

[70] 周兴国.薄弱学校改进的困境与出路:制度分析理论的视角[J].教育发展研究,2010(4):6-9.

[71] 李桂强.薄弱学校研究综述[J].内蒙古师范大学学报(教育科学版),2004(6):1-3.

[72] 温小勇,刘露,李一帆.教育信息化助力薄弱学校内生发展的研究[J].教学与管理,2019(36):47-50.

[73] 陈一壮.埃德加·莫兰的"复杂方法"思想及其在教育领域内的体现[J].教育科学,2004(2):1-5.

[74] 王双,陈柳钦.内生经济增长理论的演进和最新发展[J].经济与管理评论,2012(4):20-24.

[75] 杨小微.从优质到现代化:学校发展的目标与评价[J].中国教育学刊,2020(11):20-25.

[76] 王海英,伍州.学校改进的路径分析:学校领导的视角[J].教育科

学,2009(2):8-12.

[77] 武秀霞,高维.我国薄弱学校改造模式探析[J].上海教育科研,2018(1):53-57.

[78] 陶西平.论优质教育与优质学校[J].新教育周刊,2005(5):2-3.

[79] 王留玉.关注内涵发展创办优质学校[J].黑河教育,2014(2):10-11.

[80] 张军凤.优质学校的内涵与实现路径[J].天津市教科院学报,2009(5):33-34.

[81] 冯晓敏.校长文化领导与优质学校建设[J].现代教育管理,2006(1):50-53.

[82] 林春腾.与高校携手,促进区域新优质学校成长[J].北京教育(普教版),2020(10):26-28.

[83] 姚永强.关于优质中小学校的理解及其建设[J].现代中小学教育,2017(10):1-5.

[84] 贾汇亮,李志明.优质学校创建的"五个转变"[J].教学与管理,2013(11):28-30.

[85] 程国文."法国好学校标准"引发的思考[J].基础教育参考,2006(2):32-33.

[86] 谢翌,马云鹏.重建学校文化:优质学校建构的主要任务[J].华东师范大学学报(教育科学版),2005,23(1):7-15.

[87] 田莉."灯塔学校"英国推广优质教学的有益尝试[J].基础教育参考,2007(2):32-34.

[88] 于长学.美国新"蓝带学校"计划[J].基础教育参考,2003(Z1):22-24.

[89] 李广."学校—社区互动"促进农村学校改进研究[J].教育研究,2018(4):75-79.

[90] 陆云泉.生态与智慧:未来学校优质发展的关键词[J].中小学管

理,2021(1): 5-8.

[91] 刘丽丽,林秀艳.从薄弱走向优质:学校课程发展的路径选择——基于16所新品牌建设校调研结果的分析[J].基础教育课程,2020(6): 26-33.

英 文 文 献

[1] Babara B. Levin. Lessons Learned from Secondary Schools Using Technology for School Improvement[J]. *Journal of School Leadership*, July 2014(24): 640.

[2] Nilgün Tosun. Using Information and Communication Technologies in School Improvement[J]. *The Turkish Online Journal of Educational Technology*, January 2011(10): 223-231.

[3] Theodore Stefan Kaniuka. Toward an Understanding of How Teachers Change During School Reform: Considerations for Educational Leadership and School Improvement[J]. *Educational Change*, January 2012(13): 327-346.

[4] Manas Ranjan Panigrahi. School Effectiveness at Primary Level of Education in Relation to Classroom Teaching[J]. *International Journal of Instruction*, July 2014(7): 52-63.

[5] Paul Rooney. Schools as Cultural Hubs: The Untapped Potential of Cultural Assets for Enhancing School Effectiveness[J]. *The International Journal of Educational Organization and Leadership*, December 2013(19): 23-33.

[6] Ina Blau and Ofer Presser. E-Leadership of School Principals: Increasing School Effectiveness by a School Data Management System [J]. *British Journal of Educational Technology*, December 2013(44):

1000-1011.

[7] Eileen Lai Horng. Principal's Time Use and School Effectiveness[J]. *American Journal of Education*, August 2010(116): 491-523.

[8] Fred C. Lunenburg. Strengthening the Principal's Toolbox: Strategies to Boost Learning[J]. *National Forum of Educational Administration and Supervision Journal*, January 2014(32): 4-17.

[9] Philip Cross. The "Missed" Potential: The Importance of Students' Perceptions for School Effectiveness[J]. *Education Review*, January 2011(22): 84-96.

[10] Thomas J. Sergiovanni. Leadership and Excellence in Schooling: Excellent Schools Need Freedom Within Boundaries[J]. *Educational Leadership*, 1984(5): 4-13.

[11] Sternberg R. J. Excellence for All: World Class Instructional Systems for Our Schools[J]. *Educational Leadership*, 2008(10): 14-16.

学位论文

[1] 彭资澧.学校高效改进研究[D].上海：华东师范大学,2013.

[2] 龚兴英.中小学教师教研活动研究[D].重庆：西南大学,2014.

[3] 李春玲.理想的现实建构：政府主导型学校变革研究[D].上海：华东师范大学,2007.

[4] 许爱红.基于证据的学校持续改进[D].济南：山东师范大学,2013.

[5] 秦素粉.英国薄弱学校改进政策研究[D].武汉：华中师范大学,2007.

[6] 肖明玉.以教师专业发展学校（PDS）建设促进学校改进的个案研究[D].重庆：西南大学,2014.

[7] 刘丽娜.以校本课程开发促进学校改进的个案研究[D].重庆：西南

大学,2014.

[8] 王靖.美国薄弱学校改进策略研究[D].长春:东北师范大学,2010.

[9] 田晓苗.学校改进中教育行政部门的服务职责研究[D].长春:东北师范大学,2012.

[10] 郑训彬.农村薄弱学校改进的个案研究——以中山市坦洲镇S初中为例[D].武汉:华中师范大学,2021.

[11] 林亮亮.县域薄弱学校改进的共同体模式的研究[D].南京:南京师范大学,2015.

[12] 蒋小萍.优质学校创建策略研究——广东省佛山市南海中学为例[D].武汉:湖北大学,2010.

[13] 陆仁杰.让每所高中成功——基于兴化市优质高中发展策略的研究[D].上海:华东师范大学,2005.

报 纸 文 献

[1] 翟博.教育均衡发展需要明确哪些问题[N].中国教育报,2006-7-29(3).

附件一
家 长 问 卷

1. 你对孩子小学时候的成绩满意吗?
   A. 不满意　　B. 基本满意　　C. 满意
2. 你对孩子现在初中的成绩满意吗?
   A. 不满意　　B. 基本满意　　C. 满意
3. 你对孩子所在的初中满意吗?
   A. 不满意　　B. 基本满意　　C. 满意
4. 你认为在学校层面,影响孩子学习成绩最重要的两个因素是什么?
   A. 校风　　B. 校长　　C. 任课老师　　D. 班级同学
5. 学校有把学校办学的思想和办学方向你交流吗?
   A. 没有　　B. 基本没有　　C. 有　　D. 经常交流
6. 你主动参与到学校发展谋划中来吗?
   A. 没有　　B. 基本没有　　C. 偶尔有　　D. 经常有
7. 你对学校最关注的是什么?
   A. 特色　　B. 考试成绩　　C. 教师队伍　　D. 学生活动
8. 你认为孩子所在的学校是在优质发展吗?
   A. 没有　　B. 有
9. 你认为学校优质发展最重要的标志是什么?
   A. 优成绩　　B. 名教师　　C. 好学生　　D. 特色
10. 目前你孩子所在的年级是
    A. 七年级　　B. 八年级　　C. 九年级

附件二
学 生 问 卷

1. 你对你小学时候的成绩满意吗?
   A. 不满意　　　B. 基本满意　　　C. 满意　　　D. 非常满意
2. 你对现在初中的成绩满意吗?
   A. 不满意　　　B. 基本满意　　　C. 满意　　　D. 非常满意
3. 你喜欢小学还是初中的生活?
   A. 小学　　　B. 初中
4. 学校最吸引你的是什么?
   A. 校园环境　　B. 老师　　　C. 同学　　　D. 特色活动
5. 你觉得学习负担重吗?
   A. 不重　　　B. 重　　　C. 一般
6. 你认为你的学校发展得好吗?
   A. 很好　　　B. 好　　　C. 一般　　　D. 不好
7. 你喜欢你的任课老师的课堂吗?
   A. 喜欢　　　B. 不喜欢　　　C. 一般　　　D. 无所谓
8. 你觉得好学校最重要的是哪两项?
   A. 上课有趣　　B. 作业恰好　　C. 活动丰富　　D. 师生融洽
9. 你喜欢你们的校长吗?
   A. 喜欢　　　B. 不喜欢
10. 你现在就读的年级是
    A. 七年级　　　B. 八年级　　　C. 九年级

附件三
教 师 问 卷

1. 你喜欢在你现在的学校工作吗?
   A. 喜欢　　　　B. 一般　　　　C. 不喜欢
2. 学校最吸引你的是什么?
   A. 同事　　　　B. 学生　　　　C. 校长　　　　D. 环境
3. 你参与到学校发展规划的制订中了吗?
   A. 有　　　　　B. 没有
4. 你认同你们学校的发展规划吗?
   A. 认同　　　　B. 不认同　　　C. 一般　　　　D. 无所谓
5. 你认为你们学校目前发展是何种状态?
   A. 好　　　　　B. 一般　　　　C. 不太好　　　D. 不好
6. 你认为学校优质发展的重要标志是什么?
   A. 学生的成绩　B. 教师的发展　D. 综合实力　　D. 特色鲜明
7. 你认为学校优质发展最关键的因素是什么?
   A. 校长　　　　B. 教师　　　　C. 学生　　　　D. 资金
8. 你认为学校最需要给教师的是什么?
   A. 尊重　　　　B. 沟通　　　　C. 引领　　　　D. 待遇
9. 当前,你们学校最薄弱的是什么?
   A. 管理　　　　B. 师资　　　　C. 生源　　　　D. 环境
10. 你认为学校教育最需要给学生的是什么?
    A. 考试成绩　　B. 特长发挥　　C. 能力培养　　D. 健康指导

附件四
校 长 问 卷

1. 你是哪个阶段的校长?
   A. 小学　　　B. 初中　　　C. 普高　　　D. 职高
2. 你任校长（正校长）共几年?
   A. 1—3年　　B. 4—7年　　C. 8—11年　　D. 12年以上
3. 你在现任的学校任校长几年?
   A. 1—2年　　B. 3—5年　　C. 5—8年　　D. 8年以上
4. 你认为你们学校老师们喜欢学校的理由是什么?
   A. 工作氛围　B. 生源优秀　C. 校园环境　D. 专业提升
5. 你认为学生们喜欢这学校的理由是什么?
   A. 校园环境　B. 老师敬业　C. 活动丰富　D. 教学质量
6. 你认为学校目前正是按学校规划发展吗?
   A. 完全是　　B. 基本是　　C. 出入较大　D. 完全不是
7. 你认为你的学校正在优质发展吗?
   A. 是的　　　B. 不是
8. 你认为学校优质发展的关键因素是什么?
   A. 师资　　　B. 生源　　　C. 管理　　　D. 资金
9. 你认为学校优质发展的重要标志是什么?
   A. 考试成绩　B. 教师发展　C. 丰富课程　D. 鲜明特色
10. 你认为初中教育是教育的洼地吗?
    A. 是　　　　B. 不是

附件五
校长访谈题

一、请谈谈贵校目前发展的状况。

二、在你接管学校时，学校最突出的问题是什么？你是如何解决这些问题的？

三、你觉得在学校发展的过程中要处理好哪些关系？最难处理的关系是什么？

四、你觉得目前学校发展最值得你称道的是什么？这又是如何发展形成的？

五、你觉得目前初中学校发展过程中碰到的最大问题是什么？这问题是如何形成的？你觉得要如何解决？

（编者注：本附件所录问题与"第二章　四、访谈"中的问题略有差异，本处保留论文原貌不予改动，请读者了解。）

后　　记

　　此书为我在华东师范大学教育专业博士生在读期间的研究成果。同窗告诉我，给自己的论文写后记是最轻松、最满足和最感怀的时刻。我也曾许多次畅想自己的后记将是何等地感人和出彩。然此刻，除了写感谢，文思枯竭，有的是不知所措、无从下笔的惶惑。

　　感谢我学习路上的恩师们。特别是我的博士生导师杨小微教授，在我论文写作的过程中一路扶持，一路点拨，手把手地教我论文写作的规范，给了我最大的包容和帮助。感谢丁钢教授、吴刚教授、黄健教授和范国睿教授等，在我写作的过程中给了我最中肯的指引。

　　感谢杭州市萧山区教育局的吴波局长、金栋华副局长、夏国良副局长和陈胜良科长等领导对我读博的支持。

　　感谢给我论文写作提供了素材的高桥初中、新街初中、益农初中、建兰初中等学校。特别感谢杭州闻涛中学的梁锦芳校长一直以来对我读博的帮助和支持。

　　感谢一路相伴，充满爱和正能量的2016届教育博士的同窗们，读博是短暂的，但这份友情是永恒的。感谢同窗同室好友黄小灵博士对我的鼓励、支持、督促和帮助。特别感谢同窗同门郑世良博士，他的鼓励和鞭策给我艰难的写作之路增添了力量，这份缘分和友情值得珍惜。感谢我的家人和同事们，在我写作期间他们给予了我极大的精神上的支持和工作上的帮助。

　　论文完成了，我没有感到一丝的轻松、自在和欣喜，有的是一份沉重和责任。28年的教学生涯，其中19年我从事着普通中小学的教育教学和管理工作，这是我热爱和执迷的事业，在我最好的年华给了它最大的热情。想到这些年自己的懈怠和对基础教育专注和投入的缺乏，不禁面红耳赤，汗流浃背。论文写作的过程中，深感自己学术论文写作规范的缺失、教育理论水平的缺乏和思维能力的不足，常为自己的知识不足而无地自容。

　　论文指向基础教育的发展，在调研的过程中，我感受到了这些年基础教育优质、均衡发展之迅猛，也看到了发展中存在的垢疴。然而，对教育的忠诚和热爱重燃起我为之努力和奋斗的决心。我将以此为起点，静心学习和思考，多调研、多实践、多动笔，为自己的教育生涯再添色彩！

沈爱琴

2022年6月25日